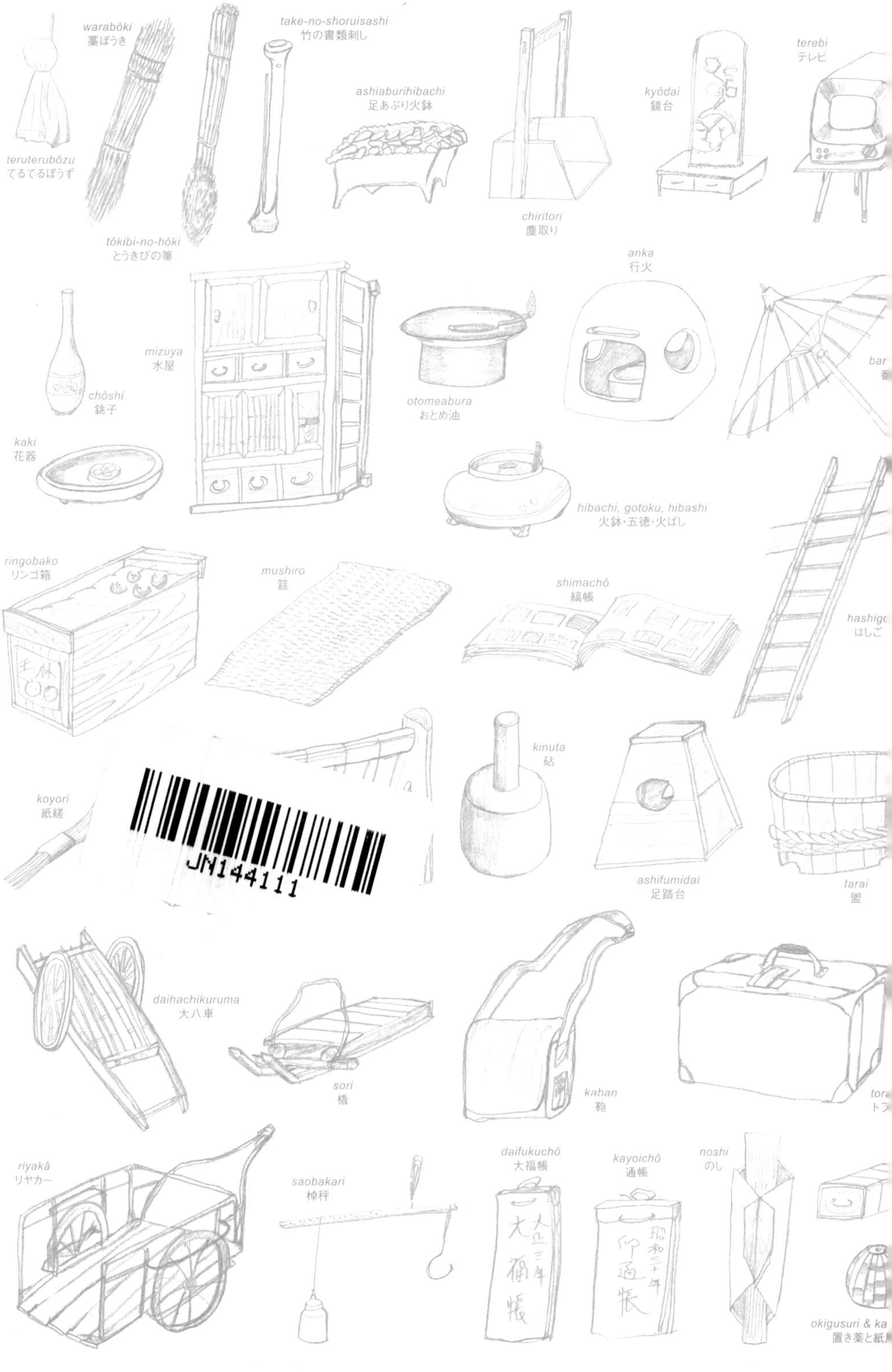
teruterubôzu
てるてるぼうず
warabôki
藁ぼうき
tôkibi-no-hôki
とうきびの箒
take-no-shoruisashi
竹の書類刺し
ashiaburihibachi
足あぶり火鉢
chiritori
塵取り
kyôdai
鏡台
terebi
テレビ
chôshi
銚子
kaki
花器
mizuya
水屋
otomeabura
おとめ油
anka
行火
bar
hibachi, gotoku, hibashi
火鉢·五徳·火ばし
ringobako
リンゴ箱
mushiro
筵
shimachô
縞帳
hashigo
はしご
koyori
紙縒
kinuta
砧
ashifumidai
足踏台
tarai
盥
daihachikuruma
大八車
sori
橇
kaban
鞄
riyakâ
リヤカー
saobakari
棹秤
daifukuchô
大福帳
kayoichô
通帳
noshi
のし
okigusuri & ka
置き薬と紙

日本民家のつくりと農山村文化

栗野　圭司

奈良新聞社

まえがき

高度経済成長が始まった昭和三〇年代後半頃から、それに合わせるかのように人々の生活様式も大きく変化していった。変化は都市部・平野部・山間部などあらゆる地域にまで及び、私が暮らした農山村部においても、それまでの自給自足を基本とした生計から雇用生計へと、生活様式が変化していった。

生産の増加に伴い、より多くの人材が必要となったことから農山村部においても次第に企業に雇用されて、給料をもらう生活へと変わる人たちが増えたのである。また新しい農機具の普及が進み、これまで営々と続けられてきた生産方法にも変化が及んだ。農山村部においては、長い経験と自給自足を基本とする生活様式から独自の農山村文化が育まれてきた。そうした中で生み出された伝統的な生活道具類や生産道具類は一朝一夕に出来あがったわけではない。人々の長年の知恵と工夫から作り上げられた英知の結晶であった。それが次第に影を潜め、近代化・合理化の名のもとに効率性・経済性を重んじたものに取って代わられていったのである。

それだけではなく、人々の考え方、風習までもが変化していった。それに伴って、現在では見られなくなった光景や行なわれなくなったことなど、明治、大正、昭和初期の時代のくらしと農山村部における文化が失われ始めている。そこで私が幼少期を過ごした昭和三〇年代から今日まで、身の回りのあらゆる場面で急速に変化していったくらしと農山村の文化について、私が経験したあらゆる変化を忘れない内にここに記録にとどめることにしたわけである。人々の考え方や風習は、形のない目には見えないものである。また光景は写真などの画像に残されない限り、その場限りの一瞬のものである。近年、損失の危機にある文書や映像フイルムなどの記録を保存し、未来の世代に引き継ぐために記憶遺産として各地で登録の動きがある中で、このような現在では消失しつつある人々の考え方、風習、光景も記憶遺産の一つとして捉えて頂ければ筆者の望外の幸せである。

本書で取り上げている内容に関しては、民俗や建築、特に、古民家に関心がある方を始め、なるべく多くの読者にも理解して頂けるように、実地調査に基づいた生の内容を多く取り入れて整理したものである。国内いずれの地域においても共通する内容になるように配慮してあるが、私が代表を務める文化団体は、主に奈良県の東部山間地域に位置する宇陀地域内の活動が主であることから、宇陀地域の内容を多く採りいれた記述になっていることを予めお断りしたい。

また、本書では日本民家の原形である農家のつくりと明治期から昭和中期までの農山村部での生活とくらしで身近に使われた道具類について触れながら、さらには今では見られなくなった光景や風習など、当時の生活文化を取り上げている。ここでは現存するものの写真もあるが、既に失われた文化や道具類などで写真がないものについてはイラストによる表現を取り入れた。

本書の構成にあたっては、全体の構成に苦慮したが、私が代表を務める団体の活動を基点とすることから、第一章を日本民家のつくりと道具類として、日本民家の構造は農家を基本にして分化していることを述べ、農家の構造とそこを舞台にして使われていた道具類について考察した。併せて屋根や間取りの変化、文化財としての見かたを論じ、調査した宇陀地域内の民家を紹介した。さらに、その中で私の生家でもある栗野家を一例として述べている。このほか江戸期から昭和前期まで使われた道具類についても、主に農家で使われていた道具類として考察した。

第二章では農山村部の文化面における変化として、失われた光景・失われたことばを取り上げた。ここでは、日々、仕事に追われて気忙しい中で、ふと気が付けば、いつの間にか見なくなっていた光景や聞かなくなったことばについて論じている。

なお、本書の執筆に関しては、宇陀地域で調査に協力して頂いた多くの方々に感謝を申し上げます。また、引用・参考文献とさせていただいた多くの諸先生方に感謝を申し上げます。

《引用・参考文献》

・日本建築学会近畿支部　一九九三『近代建築物の保存と再生』都市文化社
・日本家族学会　一九八六『家族〈社会と法〉』日本加除出版
・文化庁文化財保護部建造物課　一九九八『文化財建造物活用への取り組み』
・奈良県教育委員会　一九七〇『奈良県文化財調査報告』
・榛原町史編集委員会　一九九三『榛原町史』
・大宇陀町史編集委員会　一九九二『大宇陀町史』
・室生村史編集委員会　一九六六『室生村史』
・菟田野町史編集委員会　一九六八『菟田野町史』
・都祁村史刊行会　一九八五『都祁村史』
・曽爾村史編集委員会　一九七二『曽爾村史』
・御杖村史調査委員会　一九七六『御杖村史』
・山添村教育委員会　一九九六『やまぞえ双書二　村の語りべ』第一法規出版
・川島宙次　一九九一『9民家の辞典』小峰書店
・川島宙次　一九九二『美しい日本の民家Ⅰ』ぎょうせい
・川島宙次　一九九二『美しい日本の民家Ⅱ』ぎょうせい
・小野清春　二〇〇一『消えゆく茅葺き民家』ワールドフォトプレス
・山田隆造　一九八八『室生の里有情』佼成出版社
・植村和代　二〇〇四『丣（はた）』第一一号　日本織物文化研究会

・松尾　聡　一九九九『変体平仮名演習』笠間書院
・若尾俊平　一九八一『古文書の基礎知識』柏書房
・常光　徹　二〇〇六『しぐさの民俗学』ミネルヴァ書房
・中林啓治・岩井宏實　二〇〇五『昭和を生きた道具たち』河出書房新社
・岩井宏實・工藤員功・中林啓治　二〇〇八『絵引　民具の辞典』河出書房新社
・中林啓治・岩井宏實　二〇〇一『ちょっと昔の道具たち』河出書房新社
・多田千尋　一九九七『伝承の遊び』ＰＷ通信社
・小泉和子　一九九八『昭和台所なつかし図鑑』平凡社
・小泉和子　二〇〇〇『昭和のくらし博物館』河出書房新社
・朝岡康二他　一九九七『日本民具辞典』ぎょうせい
・塩野米松　二〇〇一『失われた手仕事の思想』草思社
・吉田桂二　一九八八『日本の町並み探求』彰国社
・吉田桂二　一九八七『民家ウオッチング事典』東京堂出版
・降幡廣信　一九九七『民家再生の設計手法』彰国社
・稲葉和也・中山繁信　一九八三『日本人のすまい』彰国社
・西山夘三　一九九一『滋賀の民家』かもがわ出版
・長山弘子・児島祥浩　一九八七『大阪の民家』創芸出版
・鈴木成文・上野千鶴子他　二〇〇四『「５１Ｃ」家族を容れるハコの戦後と現在』平凡社
・桜井　満・瀬尾　満　一九九五『宇陀の祭りと伝承』おうふう
・秋山高志・林　英夫他　一九九一『山漁村生活史事典』柏書房
・遠藤ケイ　一九八七『田舎暮らしの民俗学』かや書房

・神島二郎　一九六一『近代日本の精神構造』岩波書店
・山田善一他　一九八七『日本の建造物』朝倉書店
・下村健治　一九九八『寺院・神社・住宅の見学必携』修成学園出版局
・蔵田敏明　二〇〇一『京の町家めぐり』淡交社
・中田清兵衛　一九八三『日本住宅史の旅』理工図書
・菊池照雄他　一九七八『「遠野物語」を歩く』講談社
・坂本一也　一九九七『郷土玩具　職人ばなし』婦女界出版社
・畑野栄三　一九九二『全国郷土玩具ガイド三』婦女界出版社
・大門貞夫　一九九一『宇陀の里』大門貞夫
・菅谷省吾　二〇〇六『伊勢街道』宇陀のはな
・大和宇陀北畠親房公顕彰会　二〇一〇『大和宇陀福西と灌頂寺』大和宇陀北畠親房公顕彰会
・西田悛也　一九九八『宇陀のことば』宇陀民俗文庫
・西田悛也　一九九七『宇陀の民俗ことば』榛原町教育委員会
・栗野圭司　二〇〇六『古民家学志林』古民家学志林編集委員会

目次

第一章　日本民家のつくりと道具類

第一節　日本民家の基本構造

最初に「家」の概念について述べる。家と言えば人の住む住居で建物と思うだろうが、本来はそうではない。「宀」はうかんむりで囲い込むことを意味し、その下の「豕」はいのこで野生のイノシシを表す。野生のイノシシを囲い込むとは、すなわち、生計を立てて生活することを意味する。漢字が中国から日本に伝わってきて日本流に変化したのだろう。国民と普通に使われている「民」も本来は、針で目を突かれ、目を失った奴隷を意味していたが、何時しか使われ方が変化した。この様に、漢字本来の意味はあったが、何時しか使われ方が変化してしまった。

さて、本題に入ろう。

日本の文化は地域的に、北の糸魚川から南の天竜川に至る大断層を境界として、南方系と北方系とに大別されると言われている。縄文と弥生の文化圏、耕牛と耕馬圏、リンゴとミカン圏の他、植物相・動物相に至るまで多くの物がこの線によって区分されている。

一方、民家においては、おおよそ太平洋型（南方系）と日本海側型（北方系）とにわかれて分布している。太平洋型は米・麦・野菜等通年作業があることから小棟分立型が多いのに対して、日本海側は米の単作が主で、副業として養蚕・畜産を営んでいることから、その作業が雨・雪などの風雨の影響を受けないように屋内作業が多いため、囲炉裏を中心に広間型が多いといえる。

江戸時代までは、国民の九割以上が農業に従事する農家であった。商家や町家も、その原型は農家を基本に変化して造られた構造であった。従って、日本人の本来の住居は農家を原型とする基本的構造に造られていると言える。

近世農民のすまいが確立したのは、本百姓階層が安定した生活を営むようになった一七世紀中ごろのことである。その後、各地で自然の風土や地域性を考慮した特徴あるすまいが生まれたが、地域差はあるにしても江戸初期に既に成立していた形式が元になっている。土座や転ばし程度の板敷きだった床も寝室、座敷など高床の部分も増えた。間取りは広間が家の中心となり、それに座敷や寝室が付いた。三間取り広間型が小農階層の一般的形式となった。畿内地方では接客を考慮した四間型や前座敷三間取り形式もみられた。

(一) 屋根

日本の農家の屋根は、元はすべて草葺きであった。長くもっても十数年ごとに草を替える必要があった。現在では材料の草の取得や職人不足で草葺きの民家は殆ど作られていないのが現状である。屋根の形は、三つにわかれる。切妻、寄棟、入母屋である。切妻は妻側が切れている。寄棟は四方の屋根が棟側に寄せられている。入母屋は寄棟に切妻がのせられた形で妻側に三角形の破風がある。

そして屋根を作る技術の進歩に従って、この順に変化していった。つまり切妻が最も古い形式であり入母屋が高度で新しい屋根の形式と言える。江戸時代初期では全国どこに行っても寄棟ばかりだったと言われている。公園などに「あずまや」と言われる、屋根だけの簡素な家がある。あずまとは東の意味で東北地方をいうが、昔は東北地方は後進地帯であったので、寄棟の古い形の家が目立って多かった。

屋根の最上部の水平の場所が棟と呼ばれている。棟に対して直角に家の側面になるのが妻である。また、棟に対して並行になる側が平である。つまり屋根には二つの妻と二つの平があるわけである。入口が平側にあるのが平入りで妻側にあるのが妻入りである。

この三つの形式の屋根は全国に幅広く分布している。畿内は比較的早くから進んでいたので、入母屋は近畿地方を中心に早くから広がっていた。寝殿造りなどにみられる高度で美しい建築様式である。また、切妻の変形の一つに高塀造りとも大和棟造りとも呼ばれる屋根がある。この造りの屋根は急勾配の切妻の茅葺き屋根と一段下がった緩勾配の瓦屋根の二つの屋根で構成されている。茅葺き屋根の下は居室部分になっている。瓦屋根の下は土間部分であり、そこには「くど」が置かれていて、瓦屋根には炊事の煙を出す煙出しの小さな越し屋根が付いている。

奈良盆地から河内平野にかけて見られる特徴的な屋根である。宇陀地域でも見ることができるが気を付けて探さなければならない。

なお、瓦葺きに使う瓦の種類は非常に多い。民家の瓦屋根を見る場合、本瓦葺きと桟瓦葺きの二種類である。前者は上向きに反った平瓦と丸瓦と呼ぶ円筒を二つに割った瓦を下向きに使い、これを交互に使う。畿内では現在では、民家の場合、主屋や附属の建物は桟瓦葺きであるが、蔵の屋根だけは本瓦葺きにしている。後者は、上向きに反った瓦を並べただけの葺き方である。桟瓦の発明は一五〇〇年代末期と言う。

◆藁葺きについて

水田地帯の農家は、稲藁を燃料や飼料、肥料に使う他、屋根葺き材料に大いに活用できた。持久力や

草葺き屋根分布図

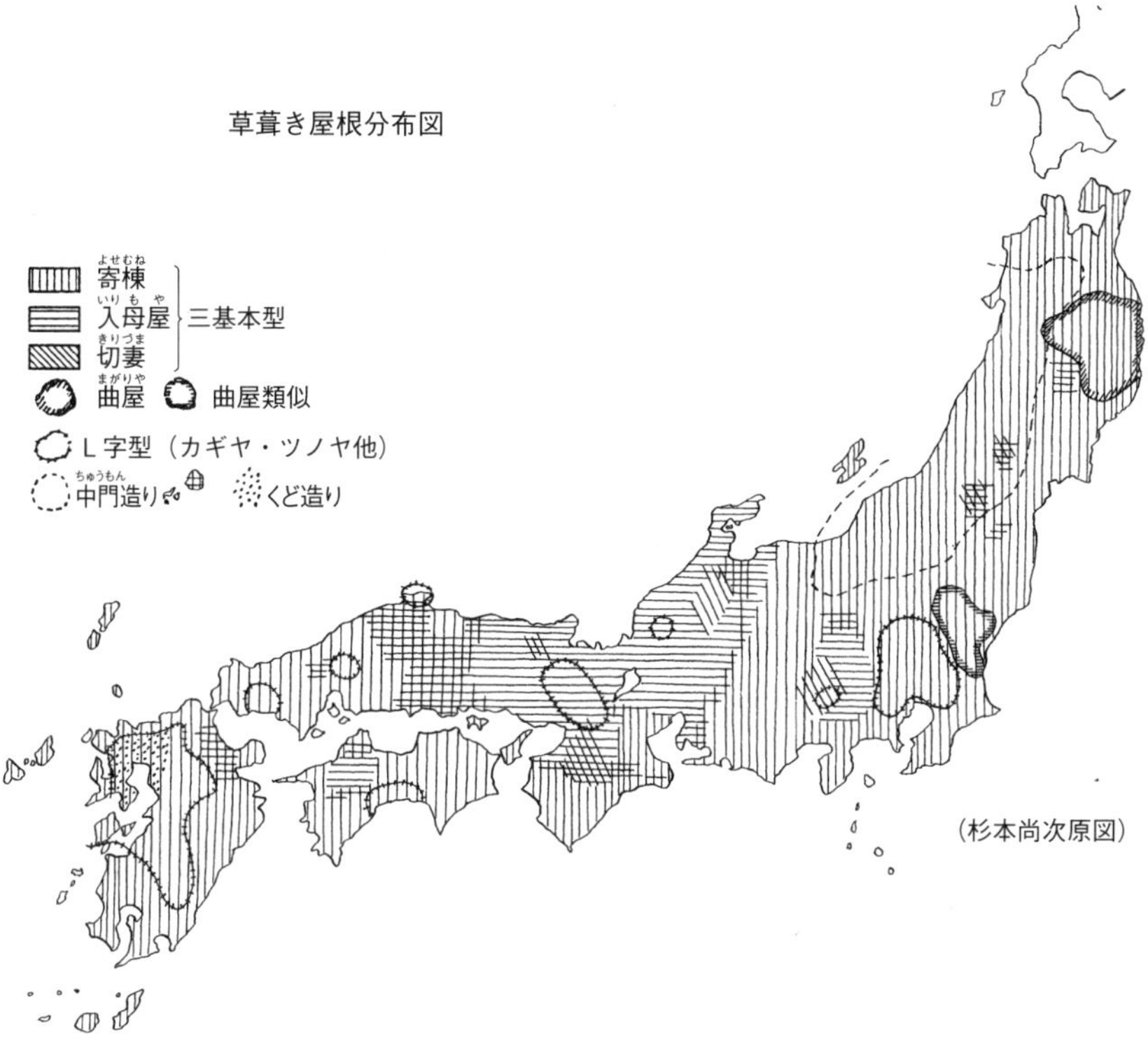

（杉本尚次原図）

民家の屋根の基本

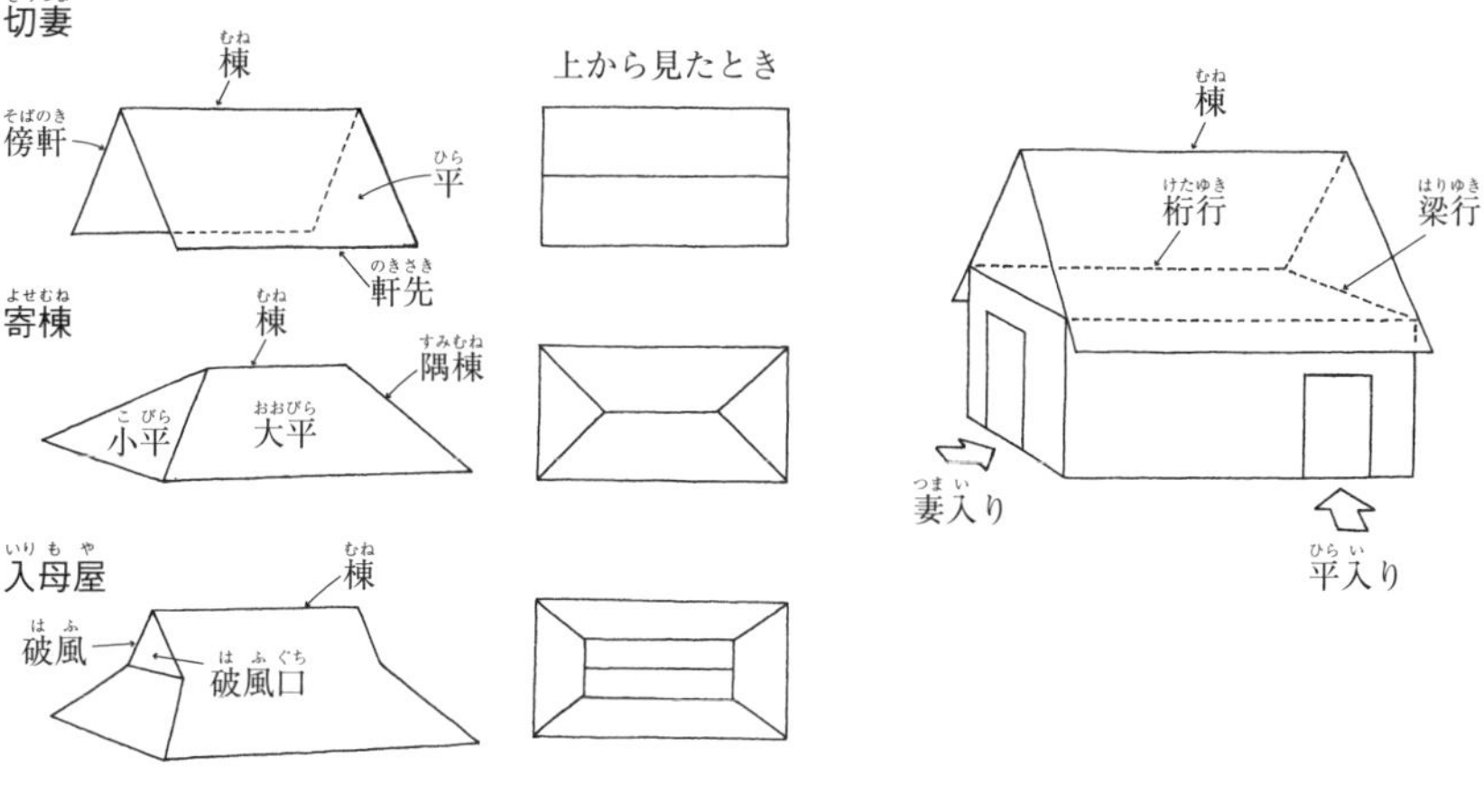

美観が優れている茅よりも経済的で毎年、容易に得ることができた。藁葺きは瓦葺きの重量の七割ぐらいであるが、雨が降り、藁が水を含むと極端に荷重が増える。また、一〇年程度で葺き替えが必要であるが、一度に全て葺き替えるのは困難であったので数年間隔で傷みが大きい箇所だけ葺き替えた。

藁は年数が経つと濃い灰色に変化するため、葺き替えた箇所だけ新しい藁の色がしたので外部からは違いがはっきりわかった。以前はどの地域でも「結」制度があり、村の共同作業であったが、今はその制度はなくなった。藁葺き屋根自体が見られなくなったからである。

◆茅の葺き方

家の屋根は江戸時代までは宮廷や貴族の邸宅を除き庶民の家では瓦屋根を禁じられていた。農家においては茅、麦藁などの草材が豊富に採れたので草屋根が一般であった。

草屋根の材料には茅が多く見られる。村の共有地で育てた茅を交代で葺くのが一般で、「結」という共同体が村に生まれ、一軒の屋根葺きに対して村中の人が共同で作業する。宇陀郡曽爾村では曽爾高原で茅が多くとれることから「結」組織が残っている。茅は三〇年から五〇年持つと言われている。ただ、その年数は屋根の周りの環境で大きく変わる。裏に樹木などがあり枯れ葉が屋根に溜まったり、日陰で雨後の茅材の乾燥に時間がかかるような箇所では茅は短期で腐ちるが、日当たり良く通風よい環境では長持ちする。

屋根を葺く材料としては茅、麦藁、稲藁、また檜皮《ひわだ》や杉皮、板（杮＝こけら）、本瓦、桟瓦、銅版、石などが使われた。それぞれの材料によって、屋根の勾配、葺き下地、小屋組みなどが決められた。板葺きでは木曾、樹皮葺きでは京都・和歌山、また奈良の山中に残っている。しかし、農村部では麦藁、稲藁などの藁材は豊富にとれたので、藁葺きが一般であった。近年では葺き替えや雨漏りの心配が不要なよう藁葺きの上に銅板やトタン葺き、また、瓦の形をした樹脂瓦葺きを施す建物も見られる。宇陀地方でも茅、麦藁、稲藁が一般であるが、昭和三〇年代からトタン葺きが流行り出し、現在、藁葺きの露出したままの屋根は十棟余りと少なくなった。しかし、見方を変えれば、トタンがその下の茅などの草葺きを保護しているともとれるわけである。

茅葺きといっても、茅だけで葺く場合と、麦藁などを混ぜる場合がある。大抵は茅の根元を下にして葺くが、穂先を下にした逆さ葺きの地方も見られる。板で葺いたものの総称である柿葺きは、薄い杉、檜などの板を重ねて葺き、木や石で押さえたもの。それより重く長い板の場合は栩《とちふ》葺きという。瓦葺きは元は武家住宅に使われていたが次第に民家でも使われるようになった。屋根勾配は緩いため小屋組みは和小屋とし、瓦の下の葺き土も重いので野地板は厚いものが使われた。江戸時代以降、杉の植林が進むと山地では茅葺きと共に杉皮葺きが多く行なわれた。また、上等の家では檜皮葺きもあった。

ここで、幸運にも平成一七年一二月三日に奈良県宇陀市榛原比布《ひふ》に在住の屋根葺師　森本重和氏から屋根の葺き方について聞き取ることが出来たため紹介する。

現在では、茅屋根の葺き方の技術を持つ人は極めて少ないため貴重なメモが得られたと思っている。森本氏は残念ながら数年前に他界された。話によると森本氏は一五歳のころより屋根屋として親方に弟子入り、以来六〇年以上も屋根葺き専門にやってこられた。しかし、時代の変遷で、近年は屋根葺きの仕事はなくなってきたので、植木職と左官職もされていた。ここで、本紙面を借りて改めて森本氏に感謝を申し上げると同時に、ご冥福を祈ります。

◆屋根葺師　森本重和氏からの聞き取りメモ

▽大工と屋根屋の違い

家の建物の内、一階の住居部分は大工の仕事で、その上の屋根の部分はすべて屋根屋の仕事である。このため大工はよくタケユキとハリユキを尋ねてくるという。

▽屋根の葺き替え時期

茅取りは一二月一五日を茅取りの日としている。このため屋根葺きの期間は一二月一五日から翌年の茅が新芽を吹く直前までの期間である。

▽材料について

茅が最高材である。茅にはオンタガヤとメンタガヤがある。オンタガヤは茎が太く、葉が強いので手を切ると言う。メンタガヤは茎が細く葉はしなやかである。屋根葺きにはメンタガヤがよいという。宇陀では曽爾の茅場が知られていた。次にはビール麦ガヤがよい。稲藁は屋根材料として数年程度しか持たないが毎年容易に入手できるので、多くは稲藁を用いた。稲藁にはアサヒボやコガネニシキが長くて硬いため屋根用に適していた。藁は穂の先が生命である。穂の先の善し悪しで雨をはく。当時は今のように機械化されていなく、手で刈り取った稲を手作業で脱穀していたため穂先は崩れなかった。このため絞まりが強く長持ちした。藁一束（周りは一メートル程）とは、縄で二周回して括ったもので、昭和三〇年当時は五〇円位した。必要量としては一片一段のタケユキで五〇束、ハリユキで三〇束必要という。必要量を計算すると最低でも一六〇束必要という。三間《みま》続きの大きな家だとさらに多く必要になる。材料の茅は村内で毎年各家の持ち回りになるため、外部から調達する必要はなく、費用は職人の日当だけで済んだ。

▽日当

昭和三〇年当時は、職について間もない見習いで五〇円、熟練した親方の場合一〇〇円から一五〇円であった。一五歳頃から見習いを始め、一人前になるには五年から一〇年必要であった。

▽屋根を葺く前の準備

屋根の底辺は四角あり、家の正面から見て長いほうをタケユキといい、短い方をハリユキと言う。合掌にあたる勾配はハリユキの五倍を基本とする。例えばハリユキが四間《よんけん》（＝一間は約一・八二メートル）の場合、合掌の一辺は二〇間になる。熟練した屋根

茅葺き作業中の森本氏。上着のシャツ姿が森本氏。
撮影は昭和36年頃。

道具類（写真左から）
鎌：茅の穂を落としたり、切りそろえや縄を切る時使う。
目穴（めぞ）縫い針：丸竹の根元側を節１つ含めて斜め切りした径３センチ程の針。斜め切りした背の側に穴がある。ここに、縄を通し、表側から突き刺し裏側の屋根籠に縫いつける。
叩き板：竹芯に藁縄を草履を編むように編み込み、大杓子形にしてある。葺き草の切り口を整える道具。
大鋏：葺き草を切る道具。

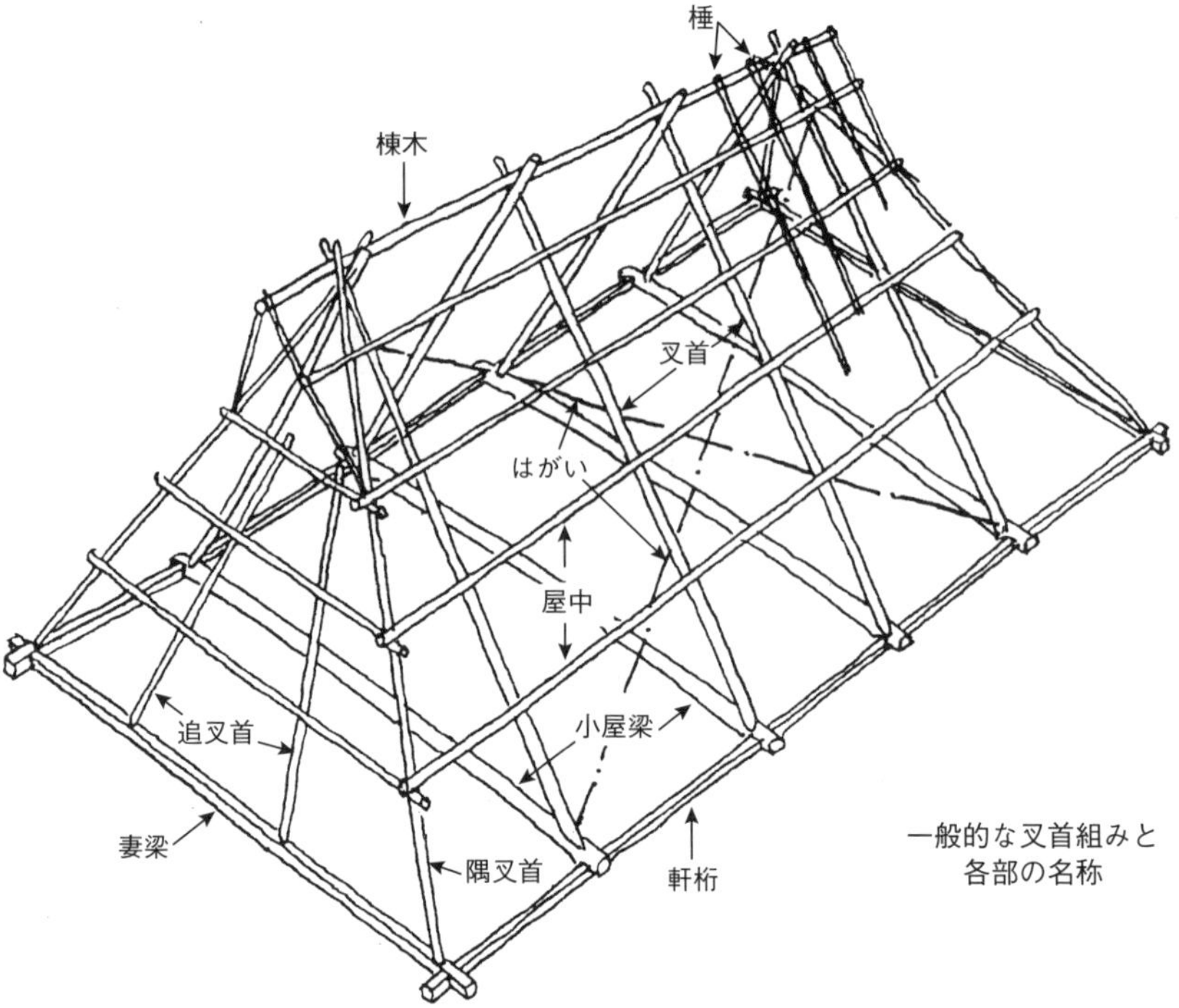

一般的な叉首組みと
各部の名称

屋が四角を受け持つ。他は見習い人で、一軒の屋根を葺く場合全員で一〇人チームの仕事であった。他に村の人も手伝いとして協力していた。村の人は組を組んでいるので、自分の家の屋根葺き作業を手伝ってもらえる代わり、次回には他の人の家の屋根を葺く時に手伝うことになる。村内で毎年持ち回りになるので、自分の家の順番は数年間隔で番が回ってくることになる。

作業中は住居部分が乱雑になるため、当たり年が近づくと事前に知ることができるので家財道具を全て他の場所に移動しておく。また作業中の期間の住む場所の確保も必要となる。作業中は納屋、蔵などを一時住まいとした。二カ月程必要であった。

▽茅の葺き方

最初に合掌を組む。合掌の先は、一方をくり貫いて他方を穴に通す。この穴をホウドウと言う。次にドウダシ、タルキ、カゴの順で作業す

草屋根の構造

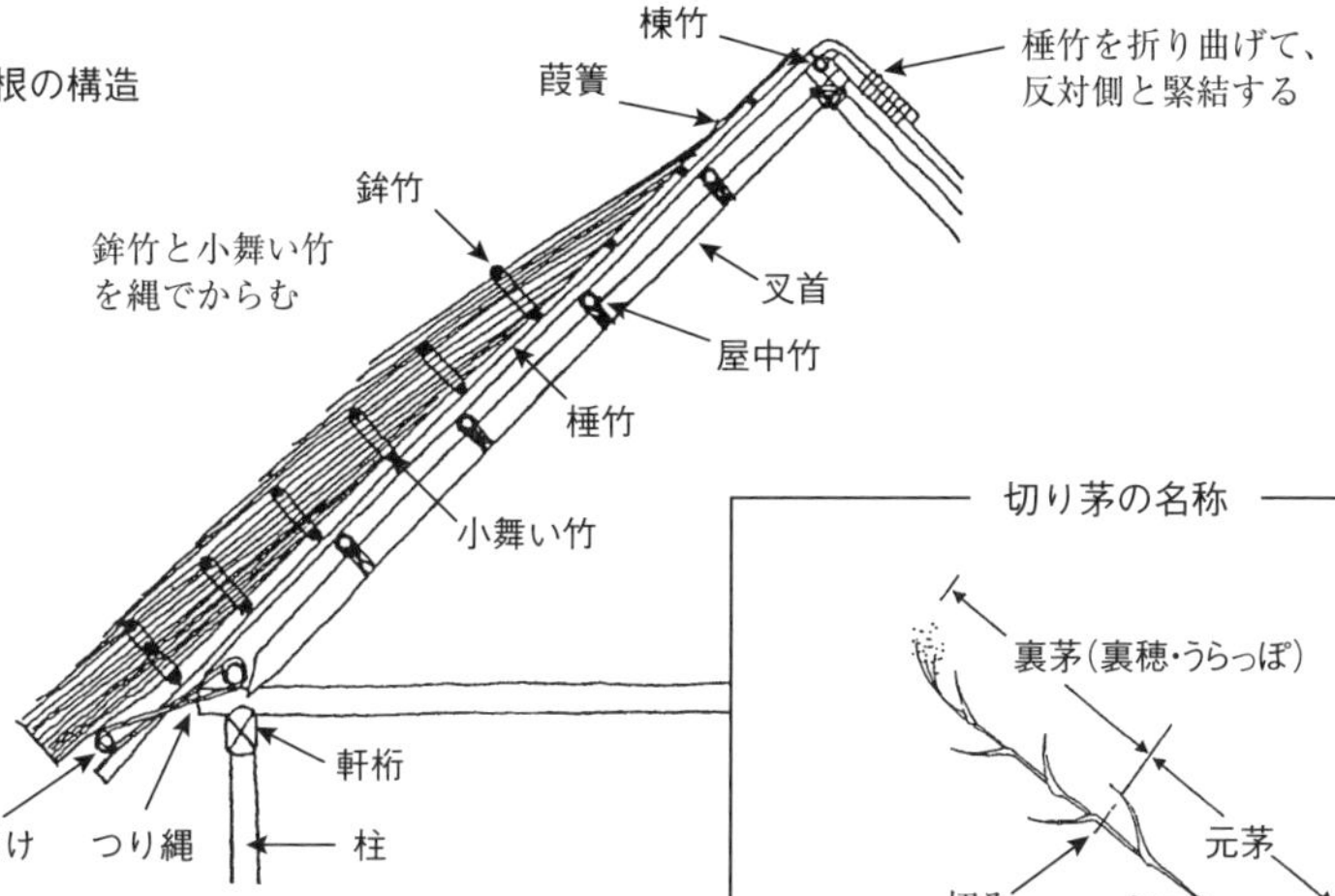

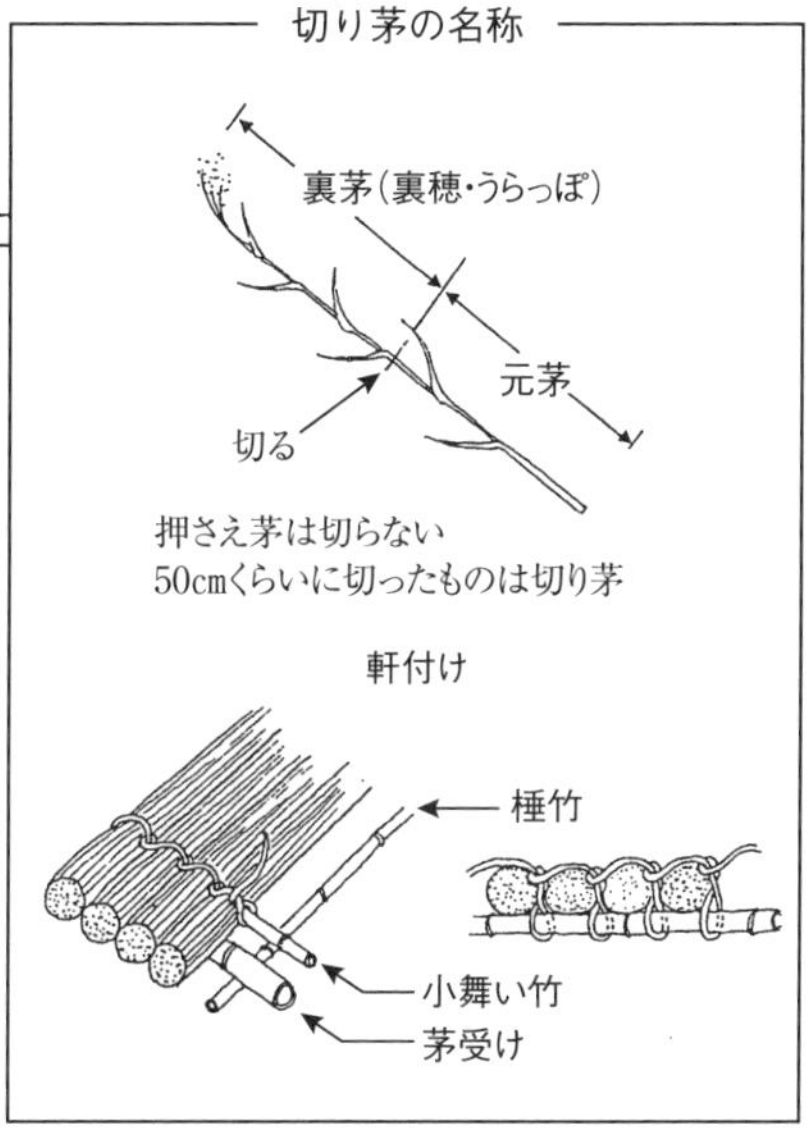

軒端の茅の重ね方

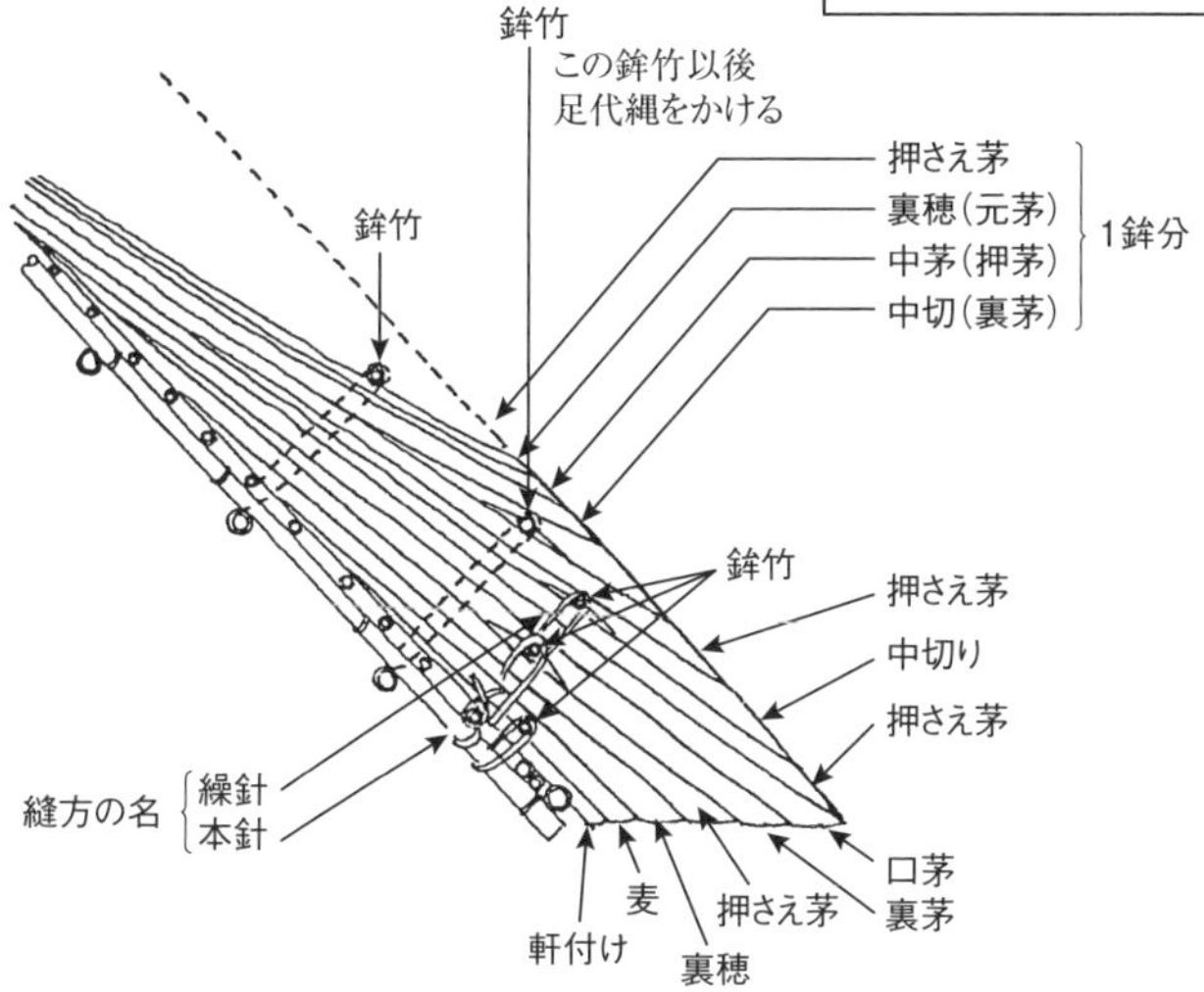

鋒竹を小舞い竹に結びつける縄結び

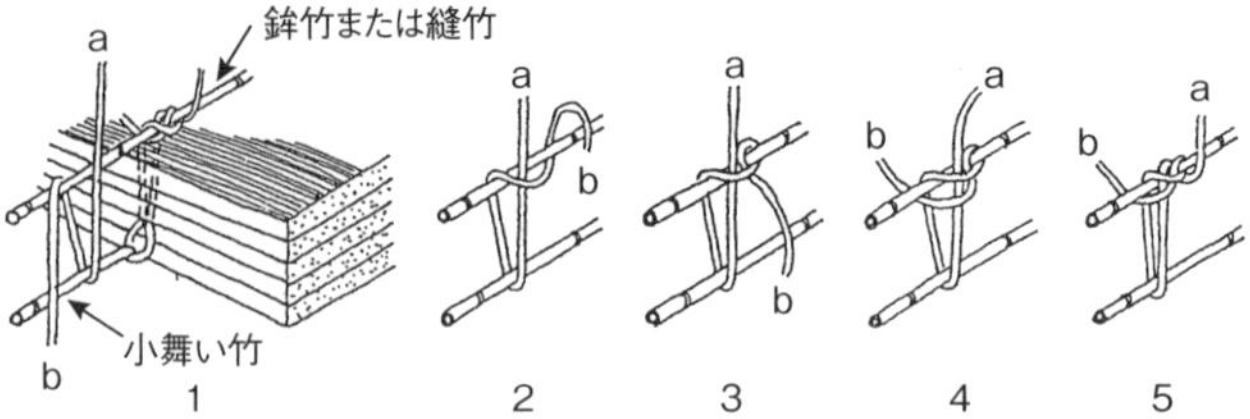

棟仕舞いの詳細

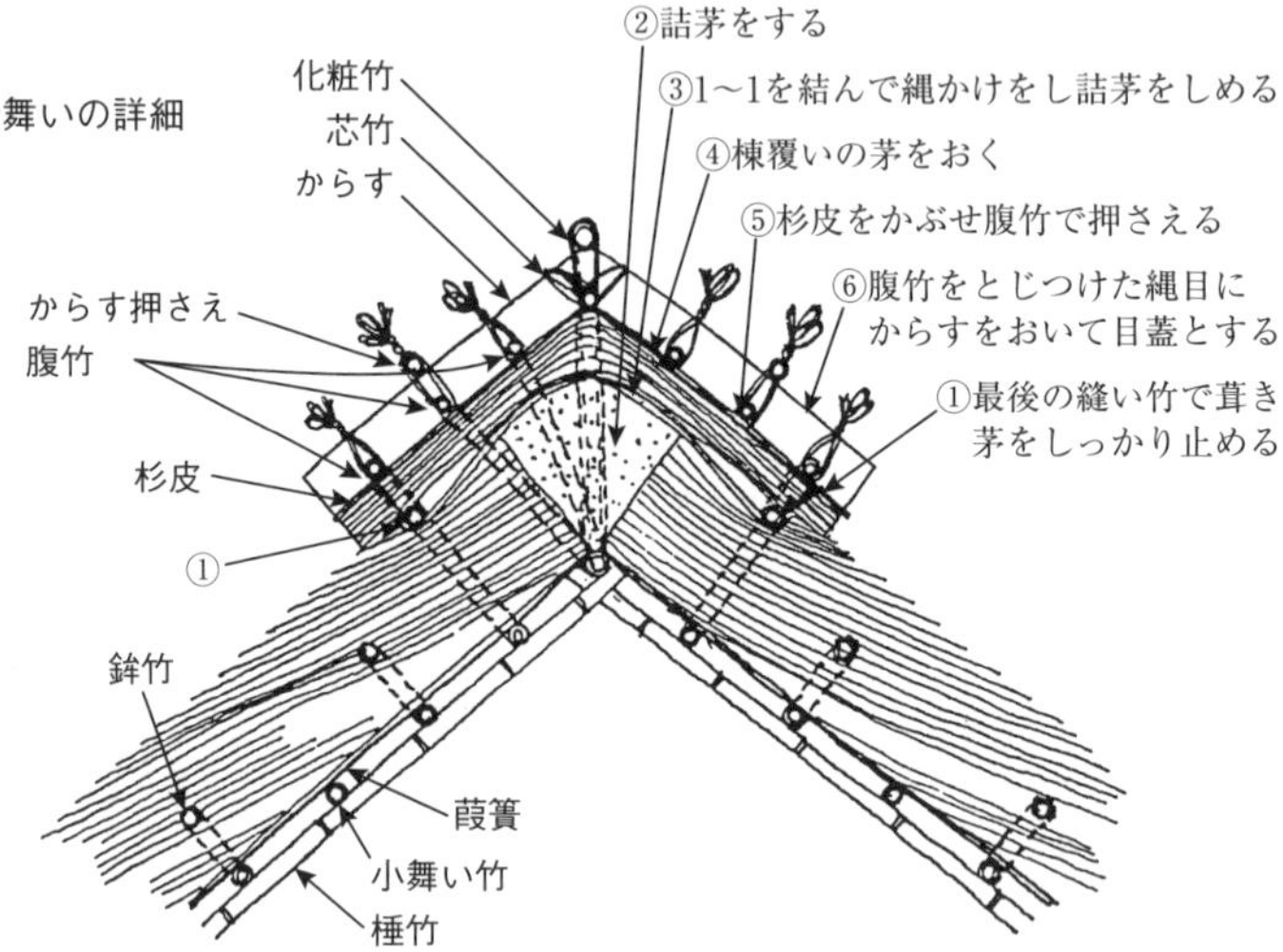

針目覆い各部の名称

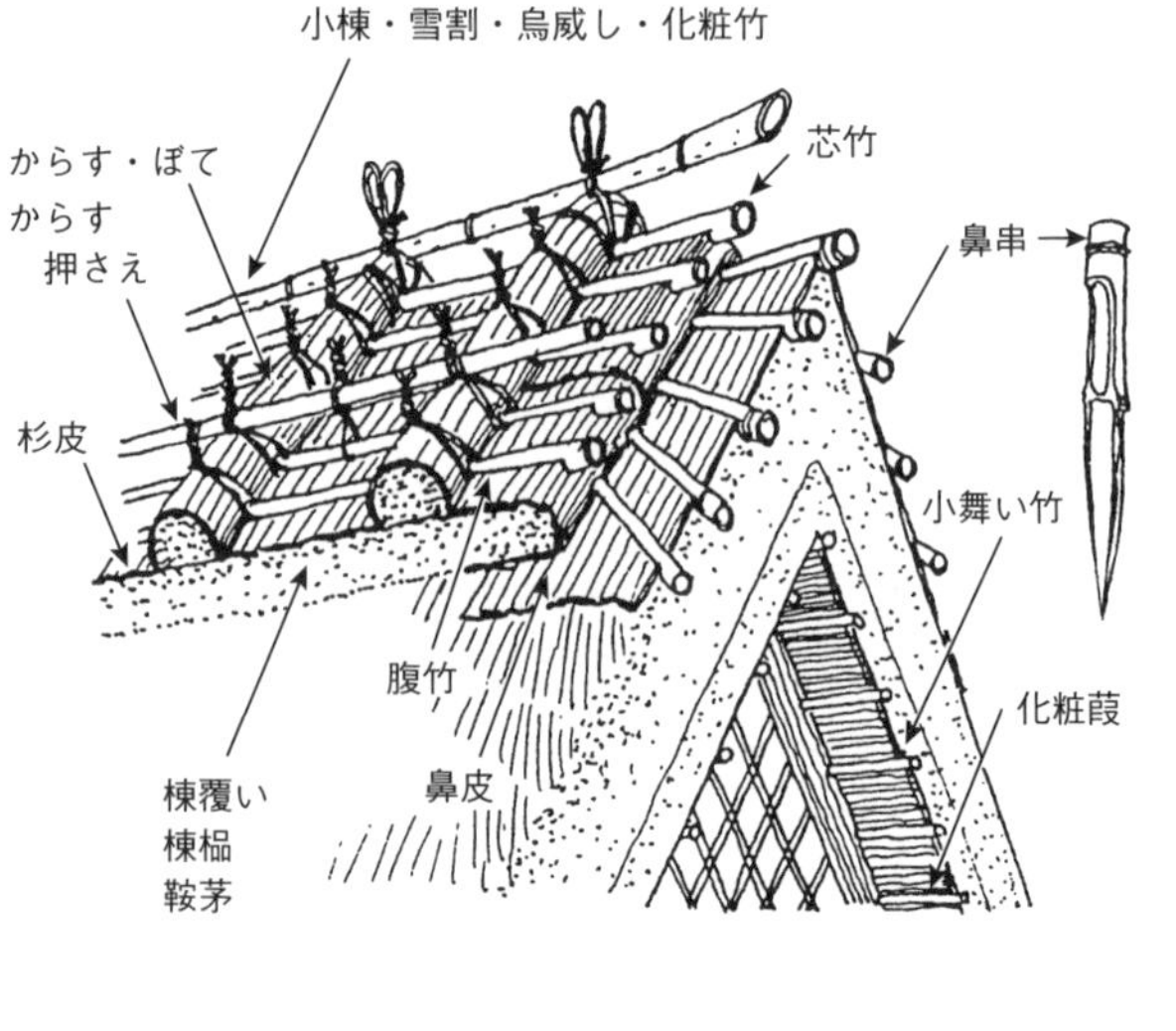

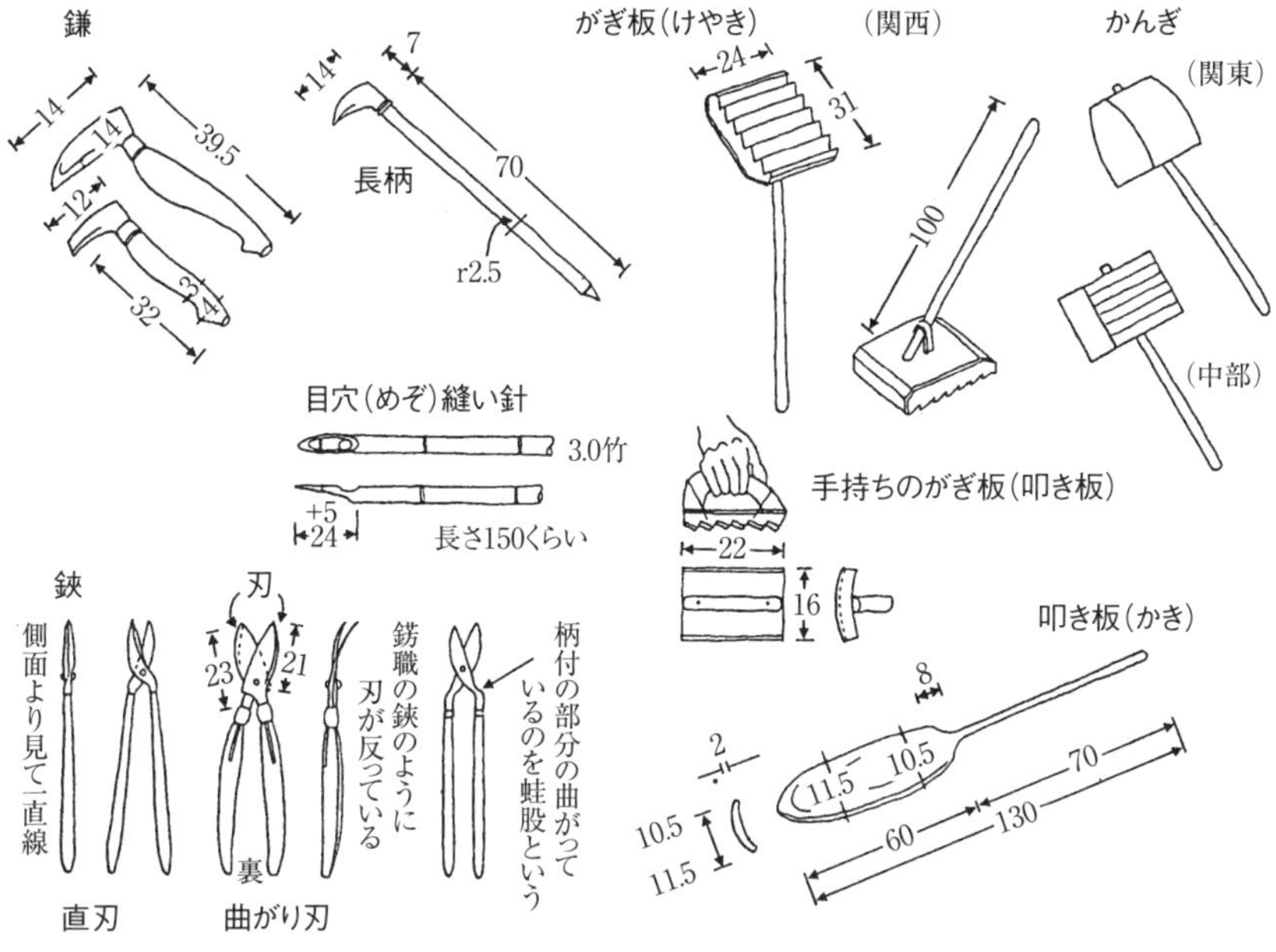

屋根葺きの道具

る。合掌までは大工の仕事であるが、他は屋根屋の仕事である。ドウダシは合掌に渡す横の木で三本渡す。底辺を入れて四段になる。次にタルキを組む。細い竹を数本渡す。上に葺く茅を棕櫚縄などでするする滑らせるため、この竹は丸い竹になっている必要がある。割った竹では滑らないため適当でない。また、縄が切れてしまう。

タルキの次はカゴと言って多くの竹を渡す。タケユキ、ハリユキに沿って茅を積み上げる。根元を下方に合わせて積む。中央部と穂先部を棕櫚縄で止める。この時、屋根の外側の人は穴のあいた竹やり（竹の縫い針）に縄を通し、積み上げた茅に上向きに通す。これは雨水が入らないようにするためである。屋根の内側の人は竹に掛けて再び下向きに通して外側の人に通す。この時、外側の人は縄をするするして強く縛る。こうして四段まで葺いていく。屋根の最上部でハリユキ側から見て三角形の部分をスワリと言う。また「煙だし」とも言った。スワリも同様に積み上げていく。最上部の棕櫚縄を隠すため杉皮を被せる。この部分をカラスと言う。茅の部分は五〇年持つが、この部分は一〇年から二〇年で腐るため新しい杉皮で被せる。棟木の上には竹などを渡す。両端は斜めに切り飾りにする。施主によっては竹の根株を使う人もいる。

▽一日の仕事

一日の仕事は朝八時から始めて一〇時に一時間の休憩をとる。一二時から一時間のお昼休みを取る。一三時から再び始めて一五時から三〇分休憩をとる。一七時三〇分に一日の仕事を終える。

▽時代の変化

昭和四〇年頃から次第にトタンを被せたり瓦を被せたりする家が増えてきて草葺きは少なくなってきた。他方では日当も世間相場で上昇してきたものの、主に草葺きを仕事にする屋根屋だけでは食っていけなくなってきた。しかし、左官の仕事はいくらでもあった。

▽大地主の家

多くの場合、大地主の家は二段構えの屋根になっていた。二段目の屋根をオチヤネと言った。どちらも茅で葺いていた。住居部は三間《みま》続きで、土間《どま》からみて最も奥に位置する部屋を、上段の間といってこの部屋は大名や貴人の部屋であった。大名と言っても、地域を支配する大名がしばしば訪問してきたわけではない。要するにこの部屋は現代で言う要人が訪問してきたときの応接間なのであった。部屋では大地主が、火鉢の前でたばこなどを吸って居て、仕事の指図をするだけで、自らは何もしなかった。大地主の居る上段の間からは、近隣を一望できた。春には菜の花で一面の風景を見渡せる見事な光景であった。

（二）間取りの発展

◆整形四間取り

原始住居に見られるように、家は一つの空間から始まった。弥生時代の竪穴式住居に見られる土間一間だけの家で、雨の日以外は外で暮らし、夜になれば家にいるといった寝室だけの家から、少し広くなった空間に籾がらを敷きつめて上に筵を敷いた土座の部分ができた。やがてこの土座の一部に高床部分が造られて寝所としていた。寝所は重要な部分なので間仕切りを入れて寝所が独立した形に発展していった。そこから各部屋が出来てきたとされる。また、寝室には家財もしまわれていた。煮炊きをする竈は、西日本では古墳時代以来、置き〝へっつい〟が多く使われているが、東日本ではもっぱら炉が使われていた。造り付けの土へっついがあらわれるのは、中世も末頃と思われる。

四間取りが主流といえる程、多いわけであるが、四間取りは新しい部類である。これに先行する部屋割に前座敷三間取りがある。梁行き方向に間仕切りを伸ばすと全国的に多い広間型三間取りになる。また横の桁行き方向に間仕切りを伸ばすと表座敷三間取りになり、この二つの基本形は食事、寝室、接客の生活の場と言える。江戸時代初期には完成されたと考えられている。

◆板の間での食事

ここで、板の間での食事について触れておこう。この板の間で家族が食事を共にしていたのである。家族は各自が独立した御膳である箱膳を使っていたが、わが家の栗野家では私の幼少期には既に卓袱台が使われていた。

農家では現在のような一日三食ではなく、朝と昼に「ケンズイ」として簡単な食事をしていた。農作業は力仕事であったので、三食時外にも二回多く食事していた。私の小学校時代に、田で仕事をしてい

間取り（併列型・広間型・前座敷型・縦列型）

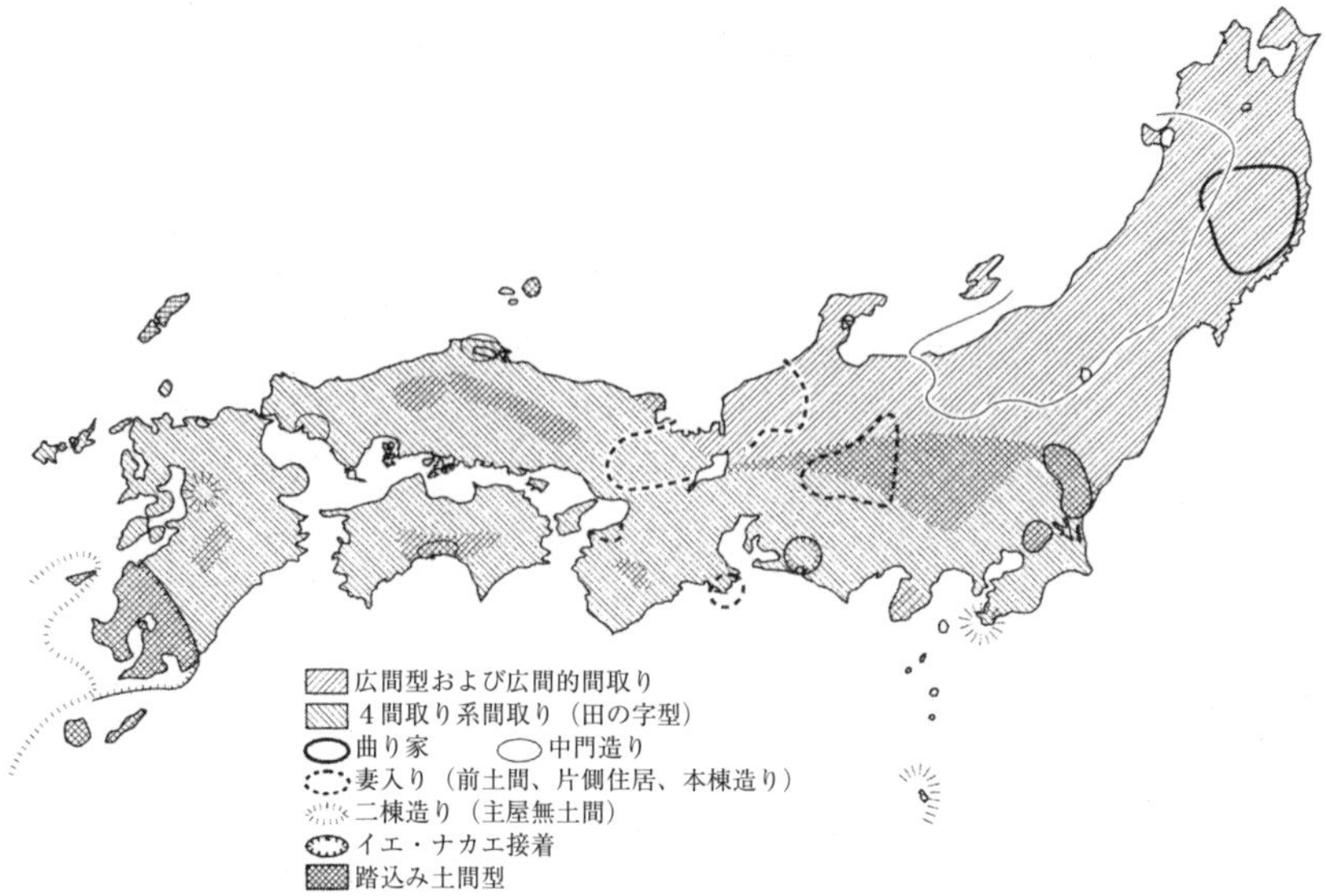

間取り型の分布（川島宙次『滅びゆく民家』、主婦と生活、1973より）

ると、朝の一〇時と昼の四時には母が「ケンズイにしよう」と呼び寄せてきてくれた。田で仕事といってもまともな仕事が出来るわけではないが、祖父と母の仕事を遊びながら手伝うことが楽しいのである。また昭和三〇年代のころの農家では多かれ少なかれ、それが子どもの遊びでもあった。現在の社会環境、とりわけ農村地域の環境とは大きく異なっている。

　このケンズイの献立としては粥と漬物以外にその日の残りものであった。決して、御馳走ではないが、そのケンズイがとても美味いのである。現在では冷蔵庫・冷凍庫があるので食物の保存に心配はいらないが、当時はまだ、そうした電化製品が充分に普及していなかった。栗野家においても冷蔵庫はなかったので夏は保存が難しく、その日の内に食べてしまう必要があった。

　母は特にご飯について細かく言った。御茶碗にご飯粒を一つでも残すと、一粒も残さないようにと注意した。幼い時の習慣はいまでも続いており、ご飯

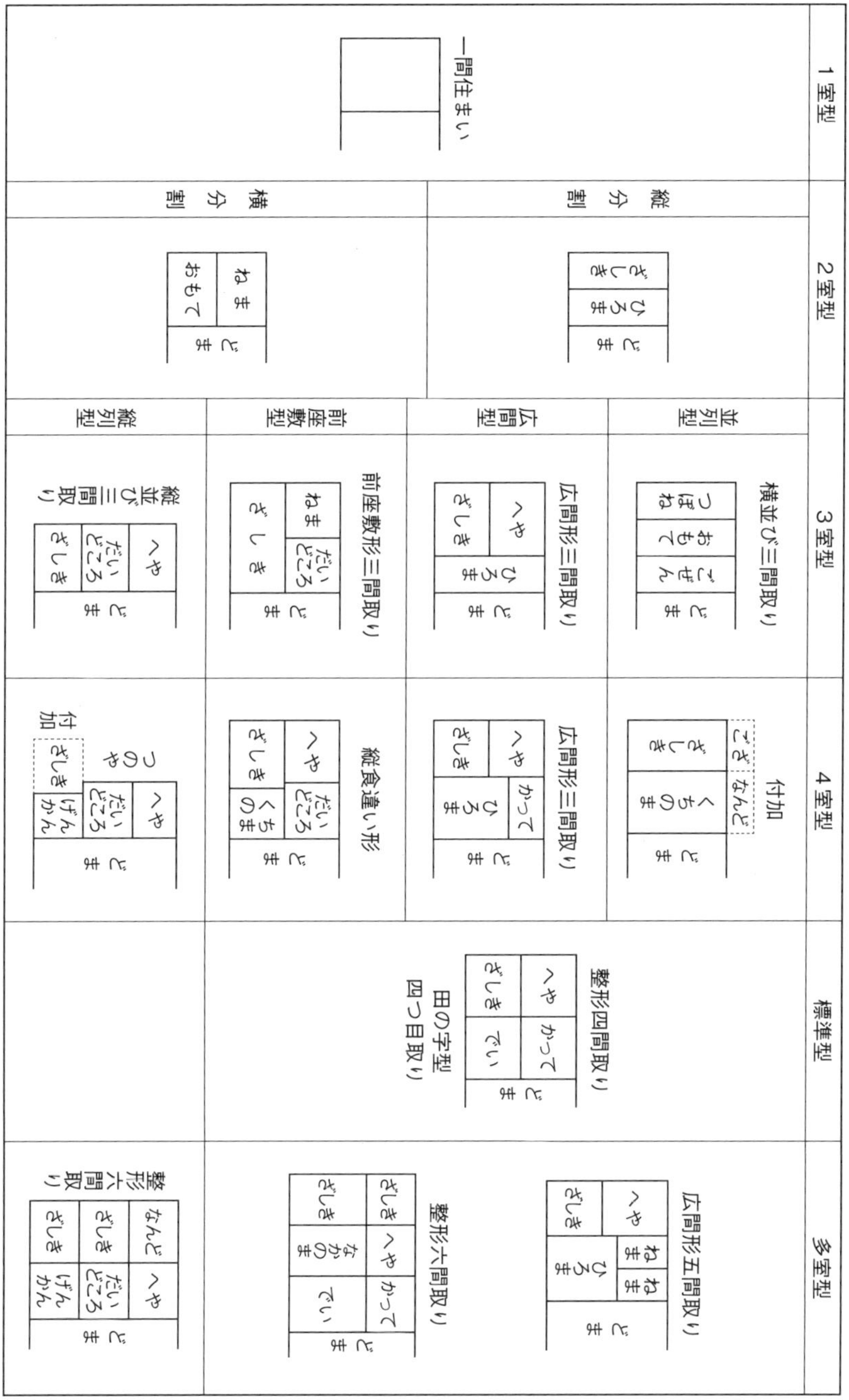
1室型
一間住まい
2室型
縦分割
ざしき
ひろま
どま
横分割
ねま
おもて
どま
3室型
並列型
横並び三間取り
つぼね
おもて
ごぜん
どま
広間型
広間形三間取り
へや
ざしき
ひろま
どま
前座敷型
前座敷形三間取り
ねま
だいどころ
ざしき
どま
縦列型
縦並び三間取り
へや
だいどころ
ざしき
どま
4室型
付加
ござ
なんど
ざしき
くちのま
どま
広間形三間取り
へや
かって
ざしき
ひろま
どま
縦食違い形
へや
だいどころ
ざしき
くちのま
どま
つのや
付加
へや
だいどころ
ざしき
げんかん
どま
標準型
整形四間取り
へや
かって
ざしき
でい
どま
田の字型
四つ目取り
多室型
広間形五間取り
へや
ねま
ねま
ざしき
ひろま
どま
整形六間取り
ざしき
へや
かって
ざしき
なかのま
でい
どま
整形六間取り
なんど
へや
ざしき
だいどころ
ざしき
げんかん
どま

間取りの変化図

食を終えた時は一粒でも残さないようにしている。私はいい教育を受けたと思っていて、多くの食材が出回っている現在でもその習慣は守っている。それは、米を作ることの苦労を身に染みて感じているからにほかならない。現在のような機械化されている時代ではなく農作業は殆どが手作業であり、辛い厳しい仕事であった。恐らく母だけでなく、米作りをしている人は誰しも感じていることなのであろう。であるからこそ、一粒の米を大切にするのである。私が大阪で勤務していて、弁当持ちのとき、弁当のご飯を一粒も残さないで食べ終えているが、そのことにとても誇りを感じている。

◆近畿地方の四間取り型民家について

次に近畿地方の四間取り型民家について触れておきたいが、以下は林野全孝著『近畿の民家』に多くを負っていることを予めお断りしておきたい。

四間取り型民家の構造は、単純明快さに特徴がある。それを可能にしたのが差鴨居である。差鴨居は柱間を補強する効果が高く、それゆえ少ない部材による架構が可能となる。差鴨居は一七世紀初頭には成立し、他地域よりもすこぶる早い。近畿地方の四間取り型民家は、平面・構造ともにその先進性が際立っている。要するに、近畿地方の四間取り型民家の成立は古く、その祖形式は、平面・構造の類似性から前座敷三間取り型、あるいは食い違い三間取り型に求め得る。

近畿地方では、少なくとも上層の民家形式として前座敷三間取り形式が中世には成立し、やがて、間仕切りの発達などにより四間取り型の成立をみたと考えられる。私が過ごした家の間取りは整形四間取りである。寝間、座敷、デヌクチの間、居間が田の字型に配置され、さらに居間と土間の間に板の間があり、ここで家族が食事をしていた。

◆宇陀地域の民家について

奈良県の東部山間地域に位置する宇陀市、宇陀郡曽爾村、御杖村地域の古民家について私が所属する

『明治・大正・昭和初期の古民家を大切にする会』が平成二〇年七月から平成二一年三月にかけて古民家二一〇棟を調査しているので、同地域の古民家を分析してみた。

この地域のなかでも曽爾村と御杖村は三重県境に位置しており、住民は日常の買い物など生活に関して三重県側へ出かける方が、地理的には何かと便利であるため、行政圏は奈良県であるが、生活圏は三重県といえる。

奈良県の東部山間部に位置するこの地域の民家について、築年代による分類、外観による分類、屋根型による分類、間取りによる分類、の四分類に分析した。まず、築年代による分類については江戸中期から明治中期に建築された古民家が最も多い。しかし、江戸初期にまで遡る古民家も相当数あることはこの調査を終えて初めて分かった。外観による分類については、概ね手入れされていて美装か、または並装が過半数を占めている。手入れのされていない荒れた家も相当数あることが分かった。

屋根型による分類に関しては、切妻型、入母屋型、合掌型、入母屋型の一部を縦に垂直に切り落とした格好の半切り型に分類できる。この半切り型については近畿地方のなかでも珍しいもので、宇陀地域の特色とも言える。特に室生地域と曽爾・御杖村地域で見ることができることは、大変興味深い。また、屋根を葺いている素材に関しては茅、稲藁、麦藁、瓦に分類できるが、切妻型の家は麦藁が最も多く、次いで、茅が多いと言える。入母屋型の家では茅が最も多く、次いで麦藁が多い。合掌型の家に関しては、全て瓦で葺かれていた。

住まいの部分に関しては、整形四間取り形が最も多いと言える。ただ、同じ整形四間取りでも、間取りのある高床部分と土間の部分の位置が異なる。間取り部分が、家の正面から見て左側にある家と反対に右側にある家がある。いわゆる左住まいと右住まいである。これに関しては、概ね六割の古民家は、左住まいである。残り四割は右住まいである。この理由は施主の好みであったり、土地・敷地などの、

調査結果1－築年代分類

地域＼年代	江戸期			明治期			大正期			昭和期	計
	前期	中期	後期	前期	中期	後期	前期	中期	後期	前期	
大宇陀区	2	12	10	2	3	10	3	0	3	11	56
室生区	5	9	12	2	8	2	0	1	2	2	43
菟田野区	3	3	9	11	4	3	0	0	2	0	35
曽爾村	0	0	5	18	14	1	2	4	1	1	46
御杖村	1	3	4	3	2	1	0	0	1	3	18
計	11	27	40	36	31	17	5	5	9	17	198

調査結果2－外観分類

地域＼外観	豪壮		美壮		並壮		荒壮		計		
	家	庭	家	庭	家	庭	家	庭	家	庭	庭なし
大宇陀区	13	12	22	7	23	11	0	4	58	34	0
室生区	7	6	11	5	14	14	3	5	35	30	0
菟田野区	15	10	9	2	4	3	1	3	29	18	0
曽爾村	1	0	28	10	20	11	3	4	52	25	8
御杖村	1	0	6	4	6	1	1	1	14	6	0
計	37	28	76	28	67	40	8	17	188	113	8

調査結果3－屋根型分類

地域＼屋根型	切妻型			入母屋型			合掌型			半切型		計
	茅	麦	稲	茅	麦	稲	瓦			左	右	
大宇陀区	6	24	1	1	7	0	18	0	0	0	0	57
室生区	11	2	0	6	1	0	14	0	0	2	7	43
菟田野区	5	3	1	5	7	0	14	0	0	0	0	35
曽爾村	4	0	0	19	0	0	25	0	0	1	0	49
御杖村	1	0	1	4	0	0	6	0	0	2	0	14
計	27	29	3	35	15	0	77	0	0	5	7	198

調査結果4－間取り分類

地域＼住まい	左住まい						右住まい				複合	計
	6間以上		4間		2間		6間以上		4間			
	正形	くい違い	正形	くい違い	正形	くい違い	正形	くい違い	正形	くい違い		
大宇陀区	5	2	31	5	1	0	2	1	4	0	5	56
室生区	2	2	21	4	1	0	1	2	6	2	0	41
菟田野区	5	3	3	1	0	0	1	0	8	2	3	26
曽爾村	4	0	20	5	1	0	2	0	11	3	8	54
御杖村	0	0	4	0	0	1	0	0	4	0	1	10
計	16	7	79	15	3	1	6	3	33	7	17	187

調査結果5－活用分類

	調査件数	調査員所見			所有者意見			調査員活用啓発		
		多くの財有り	活用可能	特になし	意欲的	協力可能	意見なし	薦めたい	普通	消極的
		◎	○	空欄	◎	○	空欄	◎	○	空欄
大宇陀区	58	32	10	16	16	2	40	29	10	19
室生区	49	30	1	18	9	1	39	30	1	18
菟田野区	35	18	2	15	4	3	28	18	2	15
曽爾村	49	0	0	0	0	0	0	0	0	0
御杖村	14	12	0	2	6	0	8	12	0	2
計	205	92	13	51	35	6	115	89	13	54

調査結果6－活用分類

分　類	具体例	内　容
1. 建物に関する事項	・豪壮な佇まい ・築年代が古い ・明治期の洋風建築 ・明治期の旅籠屋 ・半切型屋 ・珍しい木材を使用 ・珍しい建具	大宇陀区・菟田野区に多い 江戸初期 11 軒 曽爾村 1 軒 3 軒 切妻型と入母屋型の複合 樱・欅・栗を多用 明治期ガラス戸
2. 遺跡	・狼煙台跡	物見台の可能性もある
3. 庭園	・絵になる庭園 ・珍しい樹木	美庭園 銀木犀の大木　樹齢 100 年以上の霧島つつじ
4. 民話	・やまんば民話	
5. 秘伝・特殊技術保存	・珍しい風習 ・北畠伝説	葬式
6. 歴代が長い家系	・19 代・18 代・11 代など	
7. 美景観	・写真撮影 ・音景観	（ほたる見） （うぐいす、カジカ）
8. その他	・歴史的資料 ・コンサート会場	

宇陀市（榛原区除く）・宇陀郡曽爾村・宇陀郡御杖村地域の古民家調査
調査期間：平成20年9月から平成21年3月

いわゆる立地条件などであろうが、確かなことは分からない。

また、次に同じ整形四間取りでも部屋数が多い六間住まいの古民家も相当数あることは、それだけ土地・敷地が広いと言える。概ね二〇〇坪から三〇〇坪の敷地が大半を占めている。さらに同じ整形型でも間の大きさが異なる、くい違い型も相当数、見ることができた。

ここで、調査した各民家を紹介しておこう。『明治・大正・昭和初期の古民家を大切にする会』が平成二〇年七月から調査を開始したと前述したが、これは第二段の調査である。第一段目の調査は平成一六年九月から平成一七年六月にかけて、宇陀市に合併される以前の旧榛原町内の古民家を調査している。ここで得られたデータを基に、旧榛原町内の古民家一三軒を紹介する。『明治・大正・昭和初期の古民家を大切にする会』に登録古民家として登録されている古民家の順に紹介することにする。

また各民家は農家に限らず、商家、旅籠屋、町屋なども紹介していることを、予め断っておきたい。

◎夛《た》田《だ》家住宅

〈登録番号　零零零零零壱号〉

夛田家住宅は、約三〇〇〇坪の敷地に昭和五四年建て替えの主屋、江戸中期の土蔵、明治期の離れ、江戸末期の長屋門を構える。真北方向には旧都祁村の来迎寺、北東には宇陀水分神社、東には嶽山があ

▲夛田家住宅

◀屋敷外観部分

り、風水の位置でも適正である。敷地内には根回り五メートルを超える欅の巨木が二本ある。寻田家は、約四五〇年前、室生寻田城が、伊賀攻めにより陥落し、当地に逃げ及んできたという。境内には寛延四未六月と彫られた灯篭がある。家紋は二種類で、丸の中に大きく二と書かれたものは戦いの時の源氏の識別マークという。もう一つは、扇を上下にかざし、中央には畳んだ扇を一文字にしたもの。一家に複数の家紋を持つことも他家では見当たらない。

敷地内にはもう一つの蔵があった。そこには、藩札、紐を通した穴あき銭などが所狭しと保管されていたが、昭和五〇年頃すっかり盗難にあったという。往時は、田は三〇町歩、山林も三〇町歩の資産があった。中世の歴史ロマンを彷彿とさせる。明治期の絵図が遺されており〝城〟そのものである。当主は一八代目にあたる寻田裕彦氏であったが、残念にもこの原稿を書いている平成二五年六月に逝去された。ご冥福を祈ります。

◎松岡家住宅

〈登録番号　零零零零零弐号〉

松岡家住宅は、農村景観に囲まれた長閑な佐那佐の里に位置する。主屋は江戸末期、築約一八〇年である。屋根は入母屋形式で近年の改造で瓦トタンの上に軽量瓦で葺いてある。内部は稲藁と麦藁である。基本構造は江戸期の豪農の特徴を遺している。すぐそばには、明和八年の過去帳が遺されている。

▲松岡家住宅

◀屋根裏

京都下鴨神社縁の八咫《やた》烏《がらす》神社があることから明治期からの宮司の宿としていた。

◎**栗野家住宅**

〈登録番号　零零零零零参号〉

栗野家住宅は、屋根は入母屋形式であるが、表側は斜めに湾曲していて、裏側は斜め直線に下されている。同じ入母屋でも特異な形である。立地条件から都合良い形となっている。慶応元年（一八六五年）の築。この地には、明治四年郡区長村制が敷かれたとき、栗谷外十三ケ村を纏める戸長役場が置かれていた。

▲栗野家住宅

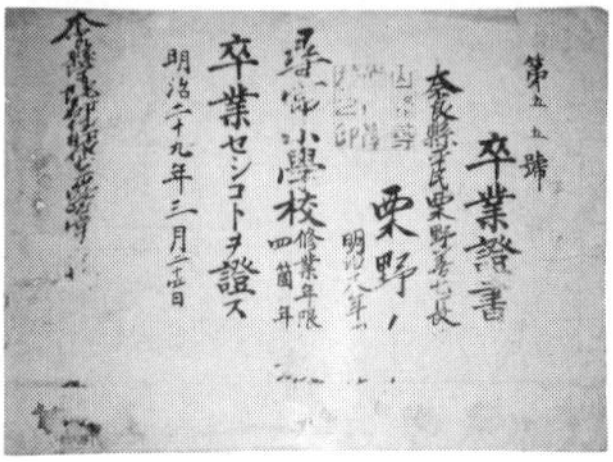

◀卒業証書

◎**菅谷家住宅**

〈登録番号　零零零零四号〉

菅谷家住宅は、主屋は茅葺き入母屋造りである。

▲菅谷家住宅

◀土間とへっつい

現在では珍しく外観から茅葺きが見られる。創家は宝暦時代（一七五〇年代）まで遡る。土間には竈、カラ臼が当時のまま保存されている。土蔵、門屋は江戸末期の建築である。当家は、江戸時代には松山城主織田家の代官を務めており、織田家が京都丹波の柏原へ国替えとなった時から苗字帯刀の士農としてこの地に居住。刀・武具に纏わる興味深い伝承がある。

◎吉川家住宅　〈登録番号　零零零零零五号〉

吉川家住宅は、高台に建つ現代の〝城〟である。創家は約三五〇年前に遡る。主屋の屋根は昭和三〇年頃、茅葺きの上に銅版葺きにしている。敷地内には、主屋を中心に四隅に味噌蔵、家具蔵、米蔵、衣装蔵を構える「ゴカン」造りと言う建築方式である。植え込みの梅、蝋梅は花の頃には見事な景観をつくる。

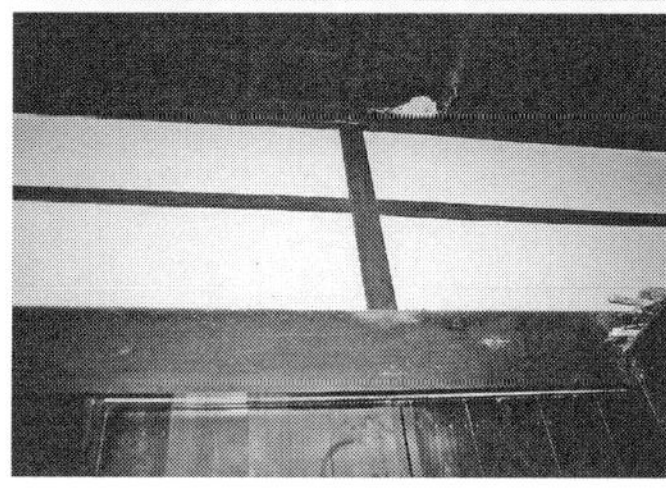

▲吉川家住宅

◀天井部分

◎津越家住宅

〈登録番号　零零零零零六号〉

津越家住宅は広大な敷地に切妻造り平屋根建ての主屋を持つ典型的な大和棟である。主屋は江戸中期、正面左側には二階で重厚な土蔵を持つ。漆喰壁は水切り瓦と共に美しい景観を演出している。主屋の後方にも別邸を持つ堂々たる構えである。伊勢参宮が盛んだった江戸末期には多くの旅人が立ち寄った。

▲蔵　▶津越家住宅

◎松本家住宅

〈登録番号　零零零零零七号〉

松本家住宅は、創家は約三〇〇年前に遡る。江戸中期の主屋は、釘を一本も使ってない。江戸期の伊勢街道筋に面した旅籠屋で多くの旅人が宿泊した。看板の文字は人だけでなく、馬も泊まれる意味から人偏のない宿となっている。敷地内にある榧の巨木は、代々神木として崇められている。

▲松本家住宅　▶火鉢

◎宮田家住宅

〈登録番号　零零零零零八号〉

宮田家住宅は、伊勢街道と室生街道の分岐点に位置する。その昔、室生寺から案内看板として「女人高野室生山之図」を賜下されたという。平入りツシ二階の主屋は江戸中期の築であるが、増改築の際には、室生寺より廃材を譲り受けたという。別邸の漆喰壁は見事な景観を醸し出している。写真は漆喰細工の窓。要所を黒漆喰で模っている。

▲宮田家住宅

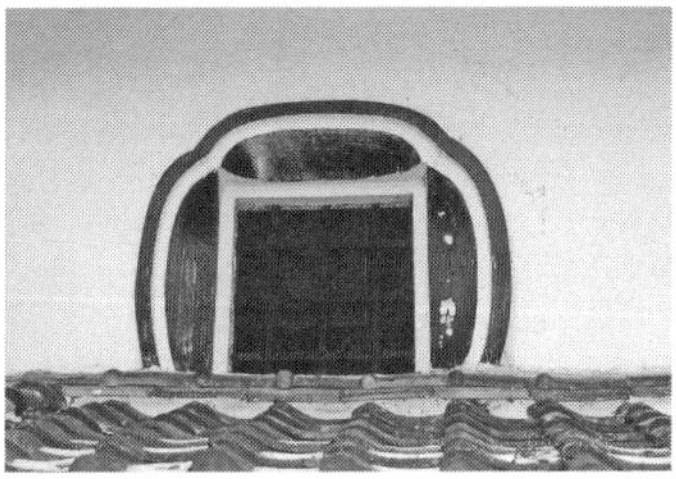

◀窓

◎松下家住宅

〈登録番号　零零零零零九号〉

松下家住宅は、長大な棟木の切妻型の屋根を持つ。江戸末期の築であろうが、大正五年に半焼している。整形間取りでも特異な間取りになっている。当家は、約四〇〇年前すぐ傍にある初生寺の僧侶が

▲松下家住宅

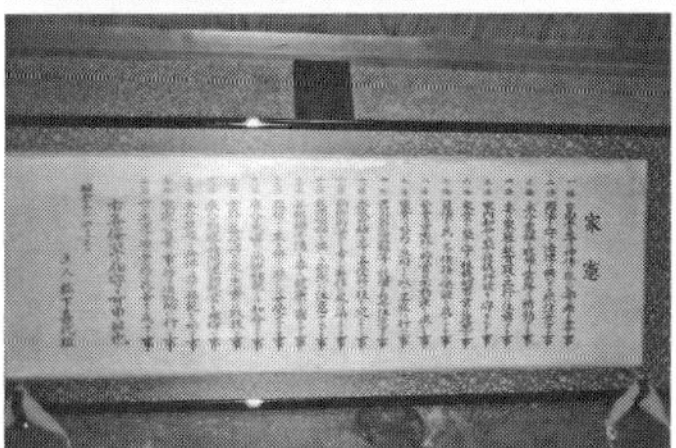

◀家憲の額

宿坊として住み始めたのが最初と言う。標高四七〇メートルの山中の一軒家である。国道三六九号線の主道路から入り、つづら折れの杉林道は昼間でもライトが必要な程薄暗い。この林道は何度通っても魅力的である。

◎東森家住宅

〈登録番号　零零零零壱零号〉

▲東森家住宅

◀屋敷屋内

東森家住宅は、約一〇〇〇坪の広大な敷地に明治一六年二月築の主屋、江戸末期の蔵、昭和初期の離れ、明治期の門屋を構える。納屋には牛舎、蚕部屋、江戸期の厠などが保存されている。貴重な文化遺産と言える。東森家は江戸期より代々庄屋を務めた家柄であった。

◎奥田家住宅

〈登録番号　零零零零壱壱号〉

奥田家住宅は、伊勢本街道阿保越え通りに面した元旅籠屋「帯忠」の屋号を持つ。離れに通じる渡り廊下は幾何学的で複雑な内部構造になっていて、旅籠屋特有の娯楽的要素でもある。天井裏の隠し部屋は興味深い。旅人には帯忠特製の「あんころ餅」を振る舞った。通りに面してある明治期のガス灯はシンボル的存在である。

▲奥田家住宅

◀屋敷中庭

◎中川家住宅

〈登録番号　零零零零壱弐号〉

中川家住宅は、平入り本二階造り。江戸中期、伊勢本街道と阿保越えの分岐点に位置する。「あぶらや」の屋号を持つ。国学者の本居宣長が宿泊したと菅笠日記に記されている。この通りは江戸末期には多くの旅人が往来した。

▲中川家住宅

◀虫籠窓

◎池田家住宅

〈登録番号　零零零零壱参号〉

池田家住宅は、伊勢本街道に面する商家。明治七年の築。宇陀郡油屋二十五人衆の一軒。明治に入って石油が普及、菜種油業は衰退した。その後、養蚕の普及から呉服屋（篠野茂＝しのも）として大正期から昭和初期に繁栄。表面にはオダレ、連子格子、内部には箪笥階段、駒入りの蔵の引き戸など明治の商家の佇まいをよく伝える。

▲階段

▶池田家住宅

次に以下に紹介するのは、平成二〇年七月から平成二一年三月にかけて調査された民家の内、登録古民家として登録された古民家である。

◎網田家住宅　〈登録番号　零零零零壱四号〉

網田家住宅は、宝永七年（一七一〇年）築。宇陀地域でも珍しい数少ない入母屋の茅葺き屋根。古い

▲網田家住宅

◀外観

多くの調度類・道具類からは、往時の繁栄ぶりを連想させる。戦前までは周囲に樹齢四〇〇年以上の古木が二〇本以上あったが戦時中に国に奉仕提供した。オケ辻簡易郵便局を運営。地域に親しまれている。観光スポットでもある。

◎岡林家住宅
〈登録番号　零零零零壱五号〉

▲岡林家住宅

◀入口

岡林家住宅は、家伝によれば元禄一六年（一七〇三年）築。切妻型屋根。トタン葺きの上部と両脇は瓦で飾られている。歴史を感じさせる石垣。玄関（土間）には幅広い障子戸を使用。以前はどの民家でも普通に見られた障子戸の光景であるが、最近では珍しい。境内にはつるべ井戸がありいずれも興味がひかれる。正面左手には内庭園との仕切りである重厚な門塀がある。門屋根には珍しい鬼瓦が飾られている。

◎樫岡家住宅
〈登録番号　零零零零壱六号〉

樫岡家住宅は、慶応四年（一八六九年）築。切妻屋根で内部は整形六間。良質の欅、檜、松、杉、竹材を使用。外部は見事に手入れされた樹木の庭園を持つ。それらを囲む堀池と門塀とを構える。さらには表通りに沿って丸く手入れされた柘植の樹木。総じて広大な敷地を持ち、美しく豪壮である。

▲樫岡家住宅

◎久保家住宅

〈登録番号　零零零零壱七号〉

久保家住宅は、元禄一五年（一七〇二年）の築。主屋のみ明治四二年（一九〇九年）に建て替えられた。元禄一五年、吉野から当地に移り、大正六年（一九一七年）造り酒屋を創業。昭和四年（一九二九年）には奈良交通の前身となる松山自動車商会を創業した。大正期に全国でも十数台しかなかった車（バス）が奈良で運行されたのである。また創建当時の酒蔵は当時の様子を残したまま改修され酒蔵コンサートに利用されている。当代で一一代目。

▲久保家住宅

◎黒川家住宅

〈登録番号　零零零零壱八号〉

黒川家住宅は、主屋は寛政三年（一七九一年）築。それ以外は明治期と戦後に改修。元和元年（一六一五年）創業の屋号「山ノ坊屋」で、一時期薬販売も行なっていたが、代々葛造りを家業とする。元和元年から営む吉野本葛業は現在も繁栄。作家、谷崎潤一郎が一時滞在し「吉野葛」を執筆。当代で一二代目である。平成二〇年には奈良市春日野町に総合飲食店を開業。

▲黒川家住宅

◎林家住宅

〈登録番号　零零零零壱九号〉

林家住宅は、文政一三年（一八三〇年）築。内部の部屋は創建当初は二列六室であったが、明治期に増築し三列九室となった。部屋数、内庭園など当時の繁栄ぶりが偲ばれる。駒寄格子、千本格子、虫籠窓など随所に創建時を連想させる意匠を残す。屋号は「拾生屋」。古くは「多葉粉屋」と呼ばれていて、たばこを販売していた。道に面した表座敷では陶芸作品の展示をしている。

◎森下家住宅

〈登録番号　零零零零弐零号〉

森下家住宅は、元禄二年（一六八九年）に焼失。現在の建物は、その後明和六年（一七六九年）に再建されたもの。屋根は茅葺きの切妻屋根。さらに三〇年前には銅板葺き屋根に改修された。内部は良質の欅、松、杉、檜材を多く使用。境内には見事な梅、椿など何れの樹木も

▲森下家住宅

見物である。遠方に高見山を望む絶景のポイントである。

◎**森野家住宅**　〈登録番号　零零零零弐壱号〉

森野家住宅は、享保一四年（一七二九年）築。元は吉野郡下市で葛粉製造を行なっていたが、元和元年（一六一五年）に現在地に移り住む。享保一四年（一七二九年）に森野薬草園を開く。現当主で二〇代目。代々「藤助」を襲名する。明和年間（一七六〇年頃）の築で初代藤助は薬草研究を行なっていた。

◎**茶房・あゆみ家住宅**　〈登録番号　零零零零弐弐号〉

茶房・あゆみ家住宅、天保年間（一八三〇年頃）築。旧松山街道筋に位置する。つし二階の虫籠窓は創建当時を連想させる。この住宅は繁華街の角地とあって古くから店舗に利用されてきた。当時の流行を都度取り入れてきた。あかね薬局、喫茶ギャラリー虹の輪、まっちゃまカフェ、と借主が変わる。平成二〇年から現在の茶房あゆみとなる。観光客の休憩所となっている

◎**山岡家住宅**　〈登録番号　零零零零弐参号〉

山岡家住宅は、延宝四年（一六七六年）当時の元庄屋。現在の建物は慶応四年（一八六八年）建築。現当主は一二代目。表通りからの見事な大屋根に圧倒される。内部には良質の欅、杉、松、檜、栗を多用している。重厚な門構えの内庭園も見応えがある。当家は森下家の母屋になる。森下家と並んで威風堂々と構える名家である。

▲山岡家住宅

◎今井家住宅

〈登録番号　零零零零弐四号〉

今井家住宅、明治一六年（一八八三年）築。屋敷裏や蔵には、その昔「カイトマワリ」という守護神の大蛇が住みついていたという伝承がある。代々残る古物は、天正一六年（一五八八年）秀吉の刀狩りから逃れたものという。山腹の明るく見晴しの良い位置にある。すぐ近くには正定寺があり、しばしば参拝者が立ち寄る。

▲今井家住宅

◀正面

◎勝井家住宅

〈登録番号　零零零零弐五号〉

勝井家住宅は、江戸中期築。良質の茅、杉皮、竹を使う典型的な大和屋根である。勝井家住宅の屋根は高塀造りと呼ばれている形式である。江戸時代初期から既に土豪的階層のすまいとして成立していた。

▲勝井家住宅

◀襖絵

茅葺き屋根の両端を本瓦葺きで葺き、妻の壁を漆喰で塗り込んでいる。主屋の屋根を一段高く盛り上げるこの手法は、城郭建築を思わせる。この屋根は、平成七年に曽爾産の茅で葺き替えを行なっている。また、調査が行なわれた平成二一年の直後には茅の上に銅板が葺かれた。その昔、織田家との戦いで窮地に陥った北畠家を救い功績があった。その時の井戸水に纏わる逸話があり、北畠親房の末裔、具教（とものり）から勝井姓を賜った、との言い伝えがある。

◎北森家住宅　〈登録番号　零零零弐六号〉

北森家住宅は、創建は寛永一七年（一六四〇年）。当代は二四代目。昭和二八年に改修。離れは一五代目の半兵衛氏が建造。伊勢国司の北畠家に七代仕えて代々、弓大将であった。伊勢国の深野から移り住む。元は山本姓であったが、功績により北畠の北を与えられ「北森」を名乗る。座敷は金の間、銀の間と呼ばれている。裏山には樹齢一〇〇〇年のカヤの大木がある。

▲北森家住宅

◀調度

◎倉本家住宅　〈登録番号　零零零弐七号〉

倉本家住宅は、現在の橿原ロイヤルホテルの地にあった薬種問屋を昭和四六年から三年がかりで移築。正月の食膳には珍しい風習が残る。屋敷の周りに大木があり、常時暗いことから「暗がり」の屋号を持つ。部屋数が多く金箔貼りの襖、趣を凝らした間取りと欄間の模様は見応えがある。広大な敷地の石庭も必見に値する。

▲倉本家住宅

◀石造品

◎逵《つじ》家住宅　〈登録番号　零零零零弐八号〉

逵家住宅は、明治初期築。半切り型の入母屋屋根。当家の主人は数年程前に大阪から引っ越しされて来た。その後、一部改造されている。付属の別棟ではヨガ教室も開いておられる。小縁に懐かしい火鉢や収穫用の竹籠が置かれている。付近では山菜が豊富に採れる。本宅の軒下には割り木が積まれていて、明治・大正期の山村農家を彷彿させる。

▲逵家住宅

◎西岡家住宅　〈登録番号　零零零零弐九号〉

西岡家住宅の創建は江戸後期。内部は良質の檜、松、ベンガラを使用している。旧伊勢街道の青山街道沿いの旅籠屋。安政講、一新講、組講などの看板が残されている。当家用として「ぬしや」（髭無）の屋号看板が残っている。文化、天保、嘉永の年号がみられる宿帳からは、旅人の逸話や献立の様子など興味深い様子が窺える。当時の旅人の旅籠・茶屋として賑わった。

▲土間入り口　▶西岡家住宅

◎洞出《ほらで》家住宅　〈登録番号　零零零零参零号〉

洞出家住宅は、家伝によると明和二年（一七六五年）築。傍の安産寺の子安地蔵菩薩像には、その昔、竜穴神社のご神体「善女竜王」の分霊を応永三年（一三九六年）に「ナカムラ」の地に迎えたという言い伝えがある。その分霊を「ナルミ」の地にお祀りした時にお迎えした家筋という。すぐ近くに

▲洞出家住宅

◀外観

は、馬頭観音が祀られている。

◎松平《まつひら》家住宅　〈登録番号　零零零零参壱号〉

松平家住宅は、江戸初期築。屋号を「木屋」という。約一〇年前に瓦葺きに改修。八畳間を六部屋持つ内部は縦幅九〇センチもの梁、良質の松、欅、栗材等使用。堅牢かつ重厚な住宅である。瓦には三つ葉葵の家紋を使用。広大な敷地には手入れされた樹木類、生簀などいかにも豪壮な佇まいである。すぐ近くには室生寺がある。庭園からの風景は抜群。

▲松平家住宅

◀外観

◎上田家住宅　〈登録番号　零零零零参弐号〉

上田家住宅は、明治七年（一八七四年）築。建築当時から形状はほぼ変わっていない。一尺幅の欅の柱、土間奥の板間、水屋は当時のままである。五〇年程前に水周りを改修している。前方の道路を挟んで庭園がある。前方から少し離れて見ると工夫された庭園が見事である。南側には芳

▲上田家住宅

野川と開けた田園、背後の北側には杉木立がある。家の並びには旧家が軒を連ね目が引かれる景色である。

◎葛城家住宅　〈登録番号　零零零零参参号〉

葛城家住宅は、明治初期の築。昭和四〇年（一九六五年）に柱、梁の構造躯体のみ残して屋根の瓦の葺き替えなど改修を行なっているが、原型は残っている。切妻型の屋根は上部と左右両側を瓦葺きにしている。南側には芳野川と開けた田園、背後の北側には杉木立がある。家の並びには旧家が軒を連ね目が引かれる景色である。簡

▲葛城家住宅

易郵便局として地域に貢献されている。

◎佐井家住宅　〈登録番号　零零零零参四号〉

佐井家住宅は、明治初期築。元は現在の裏山にある高台に建っていたが、火事により現在地に移った。五〇年程前に現在の瓦葺きに替える。土間入口に使用されている障子格子戸は、さらに内側に小さな格子戸を持つ。内部は欅の柱、松の梁組み、栗材など使用。宇賀志の地名は古事記・日本書紀・万葉集にも記録されている歴史ある地である。特に日本書紀には「宇陀の穿邑」

▲佐井家住宅

の建国伝説がある。

◎笹岡家住宅　〈登録番号　零零零零参五号〉

笹岡家住宅は、主屋は江戸末期築。離れ棟は文化年間（一八一〇年前後）の築。主屋の前には物入れ、馬屋と男衆部屋を持つ長屋門があった。他にも多くの蔵があった。主屋、離れ棟、客間など外観内装とも、ほぼ室町時代の創建当時（四五〇年前）の原型を保つ。当時、見田地域は春日の荘園であり、「御田」と記された。笹岡家以外の民家はなく神社と当家のみであった。

◎藤村家住宅　〈登録番号　零零零零参六号〉

藤村家住宅は、宝永年間（一七一〇年頃）築。昭和三五年に切妻の藁葺き屋根を現在のトタン葺きに替える。欅の柱、松の梁組みほか、良質の木材を多用している。当主は一九代目。江戸時代には庄屋を務め、造り酒屋であった。屋号は「板屋」で、宇賀志村「三板屋」の一つと言われた。菟田野の歴史に名を残す。付け火で藁葺き屋根が焼失したとき、七〇〇人が一日で修復したという。

▲藤村家住宅

◎森本家住宅　〈登録番号零零零零参七号〉

森本家住宅は、江戸後期築。平成一五年に屋根瓦、外壁漆喰の塗り替えをしているが、内部は欅、松などを多用し、創建当時の趣を随所に残す。創建時は主屋の裏側より奥行きがあり「一反屋敷」（三〇〇坪）と呼ばれていた。造り酒屋「上《かみ》酒屋」

から一時、吉野銀行となり、現在の米穀燃料店となっている。古市場商店街筋にあり、近くには桜の並木が美しい芳野川が通り、国宝宇太水分神社がある。

▲森本家住宅

◎阿片《あがた》家住宅

〈登録番号　零零零零参八号〉

阿片家住宅は、江戸中期築。山粕地区の中心部に位置する。主屋の屋根は昭和四五年に、それまでの茅葺き下ろしをトタン葺きに替えた。良質の檜、杉、柱には栗材、鴨居には桜材を使用。当家はお茶の加工業を営んでいた。シーズン期には数人の使用人が馬屋の二階で寝泊まりしていた。土間には冬季の芋類保存用とした芋穴、竈が残る。

▲阿片家住宅

◎井上家住宅

〈登録番号　零零零零参九号〉

井上家住宅は、大正八年（一九一九年）築。文政六年（一八二三年）、本家の井上家から分家。小長尾地区の中腹、南東斜面に位置する。明治二一年（一八八八年）三代目の甚太郎氏が山仕事中、妙見様が下りてこられて甚太郎氏の体にのり移ったとのこと。以来、当家の守護神として妙見三光神社を信仰している。

▲井上家住宅

◎**尾田家住宅**
〈登録番号　零零零零四零号〉

尾田家の蔵は、明治二七年（一八九四年）築。屋根の棟の左右には特徴のある二つの鬼瓦が飾られている。逆さにした鯛の上に乗る翁は福よかで、耳たぶが大きく、烏帽子を被る。他の一つは米俵に乗る大黒神である。ともに背には、大波を模った瓦が載せられている。重厚感あふれる開き扉。その奥には、白壁の引き戸、板戸、込み入った造りの簾戸と三枚重ねである。扉口の上の唐草模様の鏝漆喰など、いずれも丁寧な造りである。

▲尾田家住宅

◎大谷家住宅　〈登録番号　零零零零四壱号〉

大谷家住宅は、江戸後期、天保年間の築。昭和三〇年代にそれまでの茅葺きから現在の瓦葺きに替える。良質の檜、杉、松、欅など多用。内部は趣ある九間取りで、仏間を含めると畳五〇畳の広さである。二階には丁寧に塗られた虫籠窓が見られる。鏝職人の芸術である。一階屋根は長大な通し屋根である。県道名張掛線より山側の静かな場所に位置する。

▲大谷家住宅

◎木治家住宅　〈登録番号　零零零零四弐号〉

木治家住宅は、明治一二年（一八七九年）築の木造合掌茅葺きを昭和五〇年に現在の入母屋トタン葺きに替える。現在は古民家を活かした民宿を経営。玄関土間の両側にある三部屋と、その奥の左右に板敷きの通りがあり、奥には板の間と両側に三部屋ある。また古い民具、農具を収集展示している。来客用の駐車場も完備。県道沿いの便利な位置である。

◎小西家住宅　〈登録番号　零零零零四参号〉

小西家住宅は、明治元年（一八六八年）築。建築当時は茅葺き屋根であったが、その後トタン葺きに替える。内部は栗、杉、欅材を多用。牛部屋は改造されて現在は応接間に利用。東海自然歩道沿いで、国の天然記念物である鎧岳の麓に位置し、曽爾村が一望できる絶景の位置ある。好条件に恵まれている。

◎坂井家住宅　〈登録番号　零零零零四四号〉

坂井家住宅は、明治二二年（一八八九年）築。昭和三五年に、それまでの茅葺きの上に、瓦スレートで葺き替える。夏は涼しく、冬は暖かい。内部は数少ない左住まい構造である。現在は台所、浴室は改造されているが、柱、梁組みなど基本構造は建築当時のまま保存されている。良質の檜、松材を多用。予約すれば珍しい藁細工、竹細工を見学できるかも。

◎田中家住宅　〈登録番号　零零零零四五号〉

田中家住宅は、昭和三年（一九二八年）築。通り側の壁は横板が張られていて当時としては珍しい洋風の合掌造り構造である。棟様式は寄棟に似ていて、「腰折れ」という。天井は当時吹き抜けであった。当家には昭和一二年（一九三七年）当時の田中家から眺めた今井地区の全景水墨画「香落三山」が残されている。これによると、今井地区の住宅は大部分が茅葺き屋根であったことが窺える。

▲田中家住宅

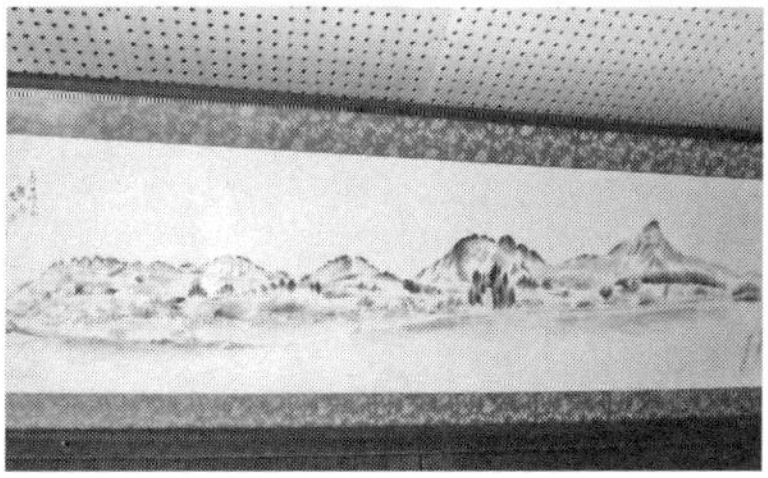

◀絵巻物

◎中河家住宅　〈登録番号　零零零零四六号〉

中河家住宅は、明治末期築。屋根は建築当時、杉皮葺きであったが、現在は瓦葺きに替えている。土間入口の奥には竈があり、現在も使用している。二階は蚕室となっている。虫籠窓は伝統的漆喰工法で造られ、家屋の飾りでもある。内部には良質の松、杉、檜が多用されている。箱型火鉢、黒光りした柱、年代を思わせる堅牢な梁組みなど、見物である。

▲中河家住宅

◎西田家住宅

〈登録番号　零零零零四七号〉

西田家住宅は、明治三年（一八七〇年）築。国道三六九号線沿いの山粕の中心地に位置する。入母屋造りトタン葺きである。昭和四〇年、それまでの茅葺きの上に現在のトタン葺きに替える。内部には良質の檜、杉、欅、松を多用している。近年は内部を現代風に改造されているが、整形四間取りの基本的な農家形式の民家である。

▲西田家住宅

◎細谷家住宅

〈登録番号　零零零零四八号〉

細谷家住宅は、明治二年（一八六九年）築。茅葺き入母屋型の屋根。外面から茅葺きが見られる屋根としては、曽爾村唯一である。この茅葺きを守るため現在も竈を燻している。茅葺きで土壁の住宅は夏の炎天下でも内部は涼しく、昼寝をすると寒気することがある。また冬は暖かい。良質の栗、欅、杉材を多用。細谷家は代々教育熱心で歴代の教職をされてきた。前方には太郎路川が流れ、背景には国の天然記念物である鎧岳・兜岳が聳える絶景の位置にある。

▲細谷家住宅

◎松田家住宅

〈登録番号　零零零零四九号〉

松田家住宅は、大正元年（一九一二年）築。元の屋根は茅葺きであったが、近年瓦葺きに替える。土間入口は格子戸、土間には芋を保存・保管する「イモ穴」があり、現在も使用している。また昭和四〇年頃まで雄牛を飼育していた牛部屋がある。現在は部分を改造しているが、天井の簾など大部分は当時の様子が窺える。良質の杉、檜を多用。大きく存在感のある古民家である。

▲松田家住宅

◎今西家住宅

〈登録番号　零零零零五零号〉

今西家住宅は、大正一五年築。棟上げの前日が天皇崩御と重なり、警察官数人が祝いの飲酒を禁止するため監視に来たエピソードがある。便所は、当時としては珍しいセメントを使う。中にしゅろを編んで綱で固めた。屋根瓦にはこの辺りでは見られない種々の形がある。内部は杉、松、檜以外にトガ、椹、栗、など珍しい木材を使用。裏山には椹の古木がある。家の前の小高い丘は狼煙台跡と言われている。

▲今西家住宅
◀外観

◎菊山家住宅

〈登録番号　零零零零五弐号〉

菊山家住宅は、伊勢本街道沿いの伊勢参り旅人の休息所であった。現建物は明治元年築。敷地一〇〇〇坪には別棟として醤油蔵、新座敷と呼ばれる別棟がある。裏庭には樹齢六五〇年の樫の木がある。菊山家本家として当代で二五代目。分家の世話、近隣の世話、伊勢参り旅人の世話以外にも村の要職を歴任された。昭和二二年には現在の歯科医を開業。御杖村の典型的な明治期の古民家である。

▲菊山家住宅
◀つし上り口

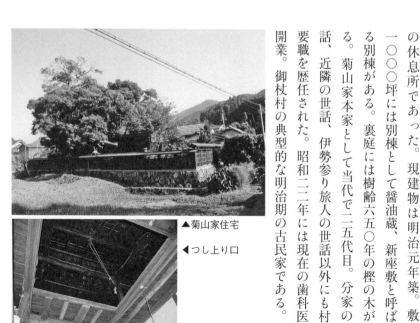

◎嶌家住宅

〈登録番号　零零零零五参号〉

嶌家住宅は、江戸期築。葺き下ろしした茅葺き屋根をトタンで覆う。江戸期には周囲に民家はなかったため、旅籠として親しまれていた。広い土間と裏には、現在はないが、蔵と客用の別棟があった。また大きな古井戸が残る。周囲の田畑を多く持ち、人夫を使用し、糸紡ぎ、酒造りを行なっていた。屋号は「こじまや」。

▲嶌家住宅

◀屋根裏梁組み

◎西村家住宅

〈登録番号　零零零零五四号〉

西村家住宅は、江戸期の建物を明治期に移設したもの。内部の部屋、建具等は建築当時の原型のまま。柱は欅中心で他は檜。茅屋根は二〇年前に葺き替える。現当主は四代目で、今では珍しい糸つみ作業をされている。簡素ながらも美しいカラス脅し、手入れされた植え込みとともに長く保存したい美しい民家である。外部から茅葺きが見られる屋根としては、御杖村唯一である。

▲西村家住宅

（三）文化財としての民家

明治維新に伴う欧米化や廃仏毀釈によって、貴重な文化財は多く散逸した。そのなかにあって、一八九七年（明治三〇年）文化財保護法の前身である「古社寺保存法」が制定施行され、建造物三一件（五八棟）が指定された。しかし、当時は、特に京都や奈良を対象とした社寺の指定が大半を占めた。その後、指定は毎年行なわれてきたが、世情不安や、経済的不況などから宝物の海外流失は後を絶たなかった。こうした状況を憂い、一九二九年（昭和四年）には「古社寺保存法」を「国宝保存法」に改正。地方公共団体や個人所有の文化財が初めて認められるようになり、指定範囲が広がった。戦後は社会の混乱や疲弊もあって文化財の保存は困難を極めたが、一九五〇年（昭和二五年）文化財保護法が制定され、その中に新しい分野として、民家の指定保存が推進され、ようやく社寺同様に民家の文化財的価値が認められるようになった。

その後、何回かの小改正があったが、行政の進歩、政情の移り変わりなどを受けて文化財保護の体制充実と強化の必要性が認められるようになり、一九七五年（昭和五〇年）文化財保護法が大幅に改正されるに至った。その骨子は民俗文化財と地方の伝統的な町並み（宿場町・城下町・農村・漁村）などの保存にあり、「伝統的建造物群保存地区」などが条例化された。旧来の個々の建造物の単独保存から地域全体の歴史的環境の法的保存に改正されたのである。つまり、保護対象の拡大と保護手法の整備が実現した。

因みに現在の文化財保護法の指定基準は「国宝・重要文化財指定基準・建造物」（一九九六年（平成八年）二月告示）に照らして指定している。①意匠的に優秀なもの②技術的に優秀なもの③歴史的に価値の高いもの④学術的に価値の高いもの⑤流派的または地方的特色において顕著なもの、この内、国宝

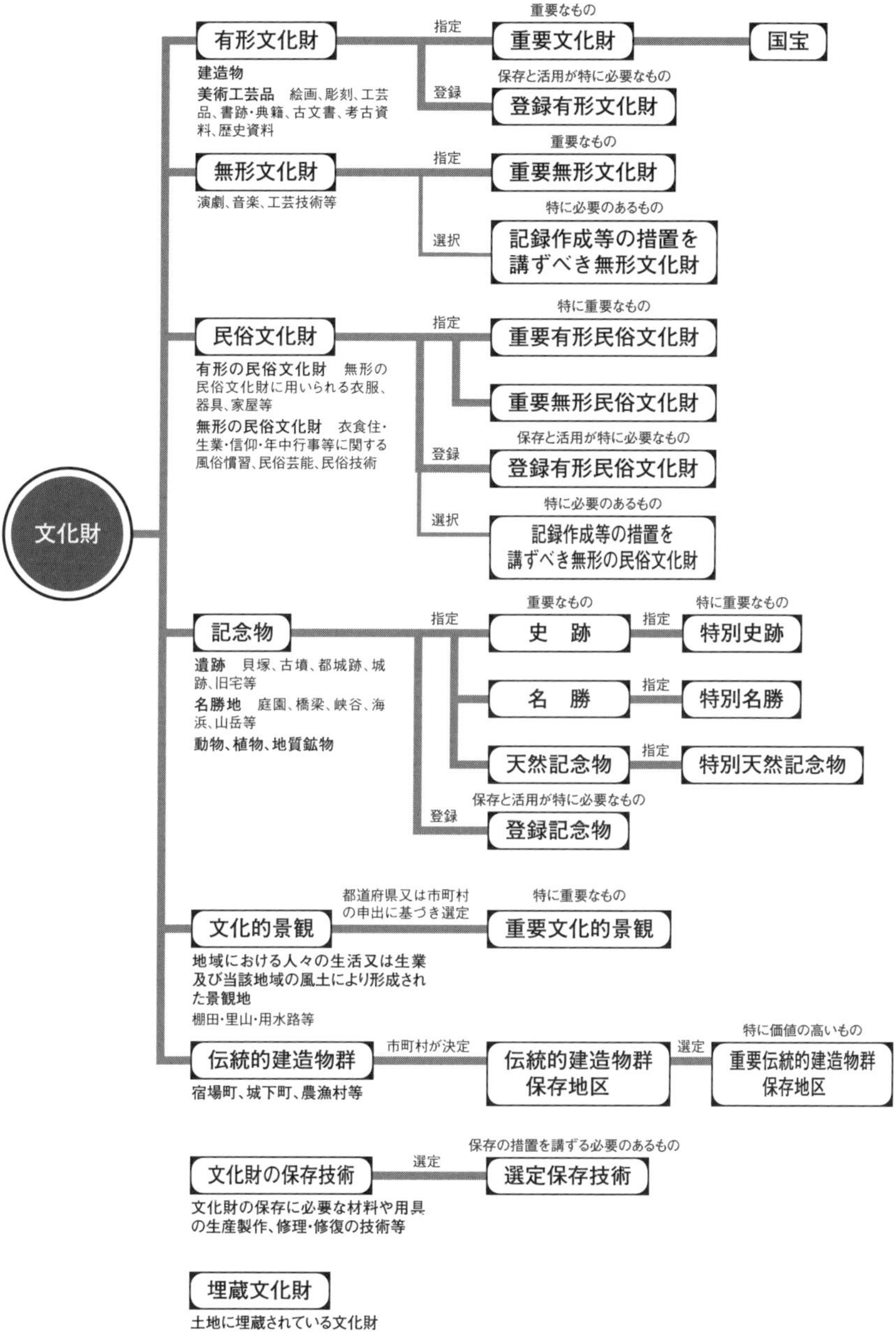
文化財
有形文化財
建造物
美術工芸品　絵画、彫刻、工芸品、書跡・典籍、古文書、考古資料、歴史資料
指定
重要なもの
重要文化財
国宝
登録
保存と活用が特に必要なもの
登録有形文化財
無形文化財
演劇、音楽、工芸技術等
指定
重要なもの
重要無形文化財
選択
特に必要のあるもの
記録作成等の措置を講ずべき無形文化財
民俗文化財
有形の民俗文化財　無形の民俗文化財に用いられる衣服、器具、家屋等
無形の民俗文化財　衣食住・生業・信仰・年中行事等に関する風俗慣習、民俗芸能、民俗技術
指定
特に重要なもの
重要有形民俗文化財
重要無形民俗文化財
登録
保存と活用が特に必要なもの
登録有形民俗文化財
選択
特に必要のあるもの
記録作成等の措置を講ずべき無形の民俗文化財
記念物
遺跡　貝塚、古墳、都城跡、城跡、旧宅等
名勝地　庭園、橋梁、峡谷、海浜、山岳等
動物、植物、地質鉱物
指定
重要なもの
史　跡
指定
特に重要なもの
特別史跡
名　勝
指定
特別名勝
天然記念物
指定
特別天然記念物
登録
保存と活用が特に必要なもの
登録記念物
文化的景観
地域における人々の生活又は生業及び当該地域の風土により形成された景観地
棚田・里山・用水路等
都道府県又は市町村の申出に基づき選定
特に重要なもの
重要文化的景観
伝統的建造物群
宿場町、城下町、農漁村等
市町村が決定
伝統的建造物群保存地区
選定
特に価値の高いもの
重要伝統的建造物群保存地区
文化財の保存技術
文化財の保存に必要な材料や用具の生産製作、修理・修復の技術等
選定
保存の措置を講ずる必要のあるもの
選定保存技術
埋蔵文化財
土地に埋蔵されている文化財

文化財の体系図

について極めて優秀で、かつ、文化史的意義の深いものとあり、これらの内の基準の一に該当したものが文化財指定の目安になっている。

現状では民家の国宝指定は一軒もない。これらの指定内容から見ると民家の指定は古社寺に比べてかなり立ち遅れている。その理由は民家は計画的・構造的にも文献・建築年代を実証する資料も乏しく、想像の域を脱し得ない民家が多かったことである。

しかし近年になって農村の近代化にあって取り壊される古民家が後を絶たないことから、その民家保護の重要性が認識されるようになってきて、研究者たちによる組織的研究の必要が叫ばれている。また、民家の築年代を確かめる方法を補う科学的方法が日本建築学会より出されたことで、民家の研究者も急増して、学術調査が全国に渡って実施されるようになった。

（四）民家のつくり

民家の造りは、屋根を支える小屋組みとすまいの部分の軸組みとにわかれる。軸組みは大工の手でつくるが、小屋組みは屋根屋や村の人でつくられる。丸太を三角形に組んで棟木を上に渡して合掌に組む。合掌の中に屋中竹を組み立てて垂木を括りつけていく。白川郷の合掌造りはこの形式である。

垂木構造は小屋梁の上に棟束をたて、棟木を渡した形式で、棟束を鳥居形に組み合わせた形を鳥居組み門と言っている。入母屋形式の屋根はこの形である。京都府美山町にはこの形の茅葺き民家が多く残されている。

◆各部屋は共同使用

私の生まれ育った家の屋根もこの形で、農家はこの形式の民家が一般である。この形式の民家は現在のような夫婦とその子という、いわゆる核家族向けの家ではなく、親、子、孫と幾何世代にも亘って住まれ、受け継がれていくことができるような構造に作られている。それは、現在の家の構造のような各個人の部屋があるのではなく、家のどの部分も家族が共に使えるような構造になっていることからもいえる。

座敷は、その家の最上級の部屋なのである。ここは、平素は使われず、この家から出て行った親戚・縁者が集まり一族の結束のいわば儀式の場なのであり、また冠婚葬祭時の式場でもある。要人が訪問してきたときの応接間でもあった。いわゆる〝ハレ〟の場なのである。デヌクチの間は座敷に次ぐ部屋で用途は広い。ハレの時の食事場、普通の人の応接間であったり、寝室に使用したり、家族の記念すべき日の食事場であったり、様々な用途に使用していた。居間は現在でいうところのリビングなのである。家族が通常居る場なのである。

こうしてみると現在の家に見られる個人の部屋、例えば、主人の部屋、妻の部屋、子供の部屋といった各個人の部屋はないことがわかる。

◆高床部分は板の間と畳の間

また、日常、家内では生活は素足の状態であった。服の汚れは土間で落とし、履物は脱いで汚れを室内に持ち込まなかった。高床部分は板の間と畳の間からなっていて、板の間は毎朝、拭き掃除というのが一般であった。私も子供のころは毎朝、板の間の拭き掃除が日課になっていた。

宇陀地域では戦前頃まで養蚕が盛んだった。「お蚕さん」と丁寧に呼ばれ高床部分の板の間で飼われていた。そして、人はというと別の板の間で筵などを敷いて寝ていた。現在でも古い民家では、畳を上げると表面が艶のある板の間になっているところもある。ここでお蚕さんを飼っていたのである。畳は農家にとって大切な家具の一つであったので、お客さんが来ない間は隅に積み上げていたところもあった。その家の儀式的な日（宇陀地域ではハレの日といった）や大切なお客さんが来た時にだけ敷くから、表面は何時も黄緑色をした畳であった。経済的に余裕のある家では畳は何時も敷いてあったので表面は色あせていた。

畳は今日のように藁の厚い床の上に、い草で編まれた薄い畳を敷いてあったのではなく、当初は薄い敷物だけを、使う人の部分だけに敷いてあったといわれている。薄いため何枚も畳んで使っていたため畳といい、そこに語源があると言われている。

日本では畳は規格化されているため、部屋の広さは畳の枚数であらわされる。畳の規格には三種類あって、関西間、中京間、関東間である。宇陀地域では関西間が一般である。関西間の柱間は一間（六尺または六尺未満）を基準寸法として柱を立てて部屋が作られる。そのため、柱間の内法寸法で畳が割り当てられる。また、敷きつめられた畳は全て同じ

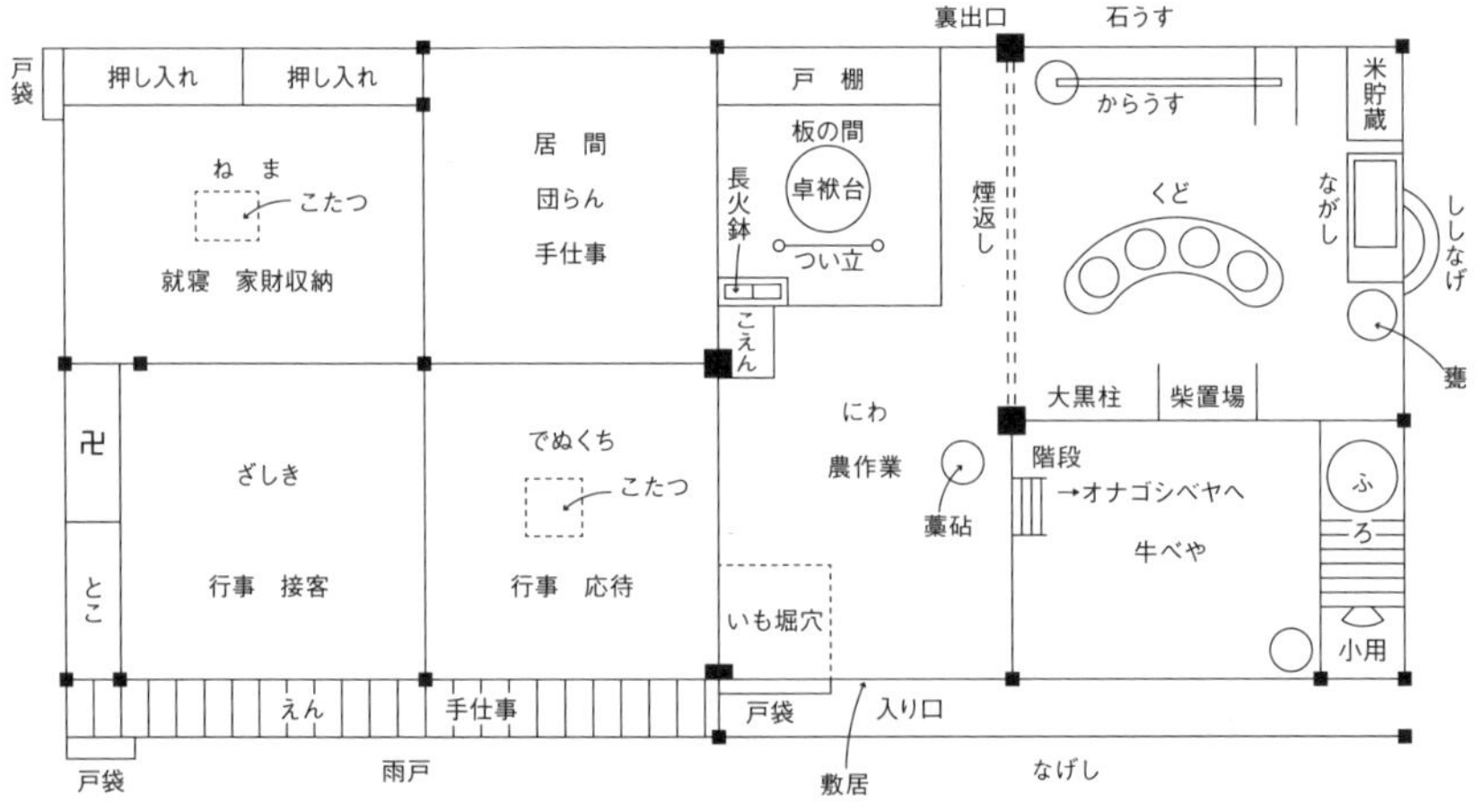

整型四間取り

大きさではなく、微妙に異なっている。

昔は床板が大変貴重であった。近世になるまで木材を縦に挽く大鋸がなかったので、板は楔を入れて引き割る方法がとられていた。そのため柾目の通った良材が必要であった。

◆土間部分

また、土間部分（宇陀地域では、入口から入った六畳から一〇畳の広さの部分を特に「にわ」と呼んでいた）は、天候や季節に関係なく使えたので作業場や多目的な空間としてその用途は広かった。ここには、冬場に芋類を保存する地下壕が残る民家が見られる。また、角には藁砧《きぬた》として藁細工に使う藁を打って柔らかくする石の台が置かれている。土間には、炊事場と「くど」（宇陀地域では「釜さん」と呼ばれていた）が置かれていた。「くど」の手前には薪に使う柴を置く場所も設けられた。この柴は冬季の農作業がない時に山仕事で得たもので、昔は年明けから春先の三月中まで一年分の柴を作ったものである。この三カ月間で柴は三〇〇束作ったと言い、作った柴は「つし」と呼ばれた屋根裏で貯蔵していた。「くど」の手前にある柴がなくなれば「つし」から小出しにして使った。

土間は家の大きな部分を占め、時には主屋面積の半分近くを占める。土間の入口を入ってすぐ右側にはマヤ（うまや）がある。また後ろ寄りにはかまどが据えられ、炊事や家事を行なった。しかし、戦後は炊事作業の簡素化、農作業は附属の納屋で行なうことで、広い土間は必要でなくなり、また牛馬を使わなくなったのでマヤを部屋に造り変える農家が多くなった。

この土間部分は全面に粘土と石灰とを硬めに練り、平べったい槌で強く叩いて固めたものである。ここを歩くととても歩き易く安心感が持てるから不思議である。

土間部分には、現在、市場に出回っている家具や家電製品と共に道具類は、長年伝承されてきた農村生活文化を表わす従来の道具類と共存して、なんとか今のこの家内に収まっている。ただ内部は、現在の機器の用途に応じて、改造もされてきている。特に生活と密接に関係している台所や、風呂場などである。最近は台所のことを「キッチン」、風呂場のことを「浴場」と呼ぶなど名称も変わってきている。これは現代人の生活にとってある程度はやむを得ないと言える。

土間の上部は吹き抜けになっていて「くど」で柴を焚いたときに出る煙が、屋根裏に見える草や梁組みの木を燻し、虫を寄せ付けないように出来ている。柴は毎日焚いたので、煙は常に屋根の草や梁組みを燻していた。下から見上げる梁組みには大工である棟梁は特別神経を使っていたのであろう。この土間の空間は夏は涼しく、冬は暖かく、大変美しく出来ていて、安心感がもてる特別の雰囲気が漂っている。

◆つし

すまいの上は屋根裏であるが、ここは「つし」になっていて、ここが一年分の燃料である柴の保存場所になっていた。湿気がないため長期保存に都合よかった。この部分は、屋根の「煙出し」以外は閉ざされているため昼間でも薄暗い。この「つし」に上がるためには備えつけの「つし梯子」を使う。「つし」に上がる時は、火の気を避けるため、ライト等、火の気を思わせるものは一切灯さずに入った。火を持ち込むと火事の原因になるため〝魔が差す〟と言われて避けた。

◆天井

住宅に今日のような天井ができたのは、中世頃からと言われている。屋根裏からの埃を避けるためと見栄えを良くするためである。農家では「つし」に柴やものを置いたので天井の造りは強くする必要があった。天井に敷く床板は厚く、それを支える梁も太い木材であった。また、「つし」に置かれた柴から天井の床板を保護するため床板の上には分厚い土が敷かれた。このため、下の住まいの部分では、冬季は暖かく、夏季には涼しかった。

土間部分の内、特に「くど」が置かれている部分の真上の天井は、柴を焚いた時の煙が抜け出るように竹を簀の子に並べた簀の子天井が使われている。

◆いろりとかまど

日本の生活と切り離せないのが、いろりとかまどである。いろりには炊事、暖房、照明、乾燥などの機能の他、家族の団らんや語らいの場を提供し、また、接客にも使われた。このいろりには座る席順が決まっていた。土間側から見て、真向かいにある席は主人の座である。主人の座は入口の土間から見て最も遠い場所にあった。横座といわれた。第二の座は勝手口に近い座でここは主婦の座である。女座と呼ばれた。第三の座は女座の真向かい座で客の座であった。第四の座は末座で土間側にあった。ここは、最下位の席で雇い人や出入りの人の座であった。日常生活の場であったいろりは家族の秩序を担う場所となっていた。

中部地方から北では、いろりが見られるが、近畿以西はかまどが多く見られる。また、いろりにかわる機能を持ったのが箱火鉢であった。箱火鉢は板の

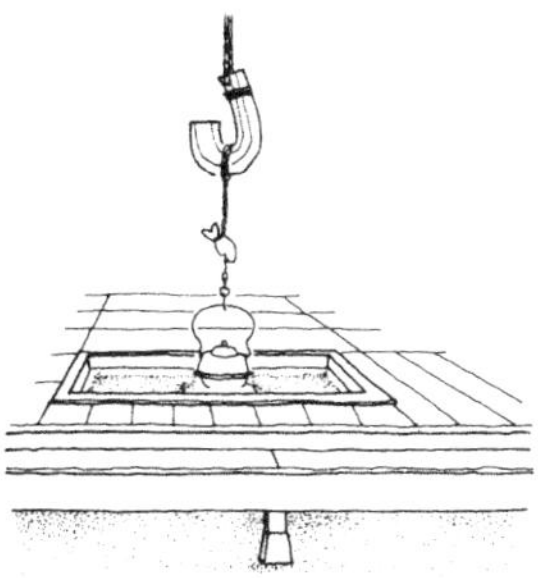

いろり（板の間）

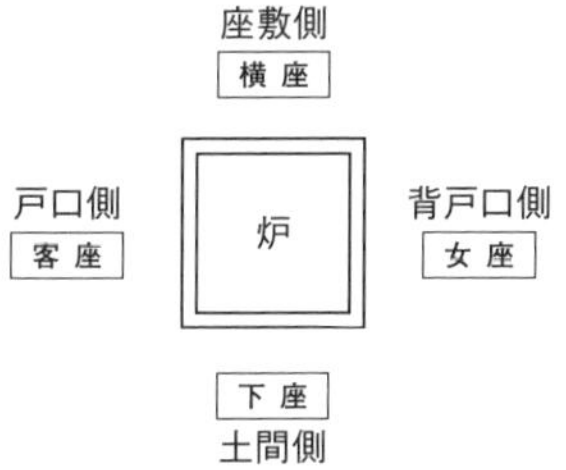

いろりでの座席

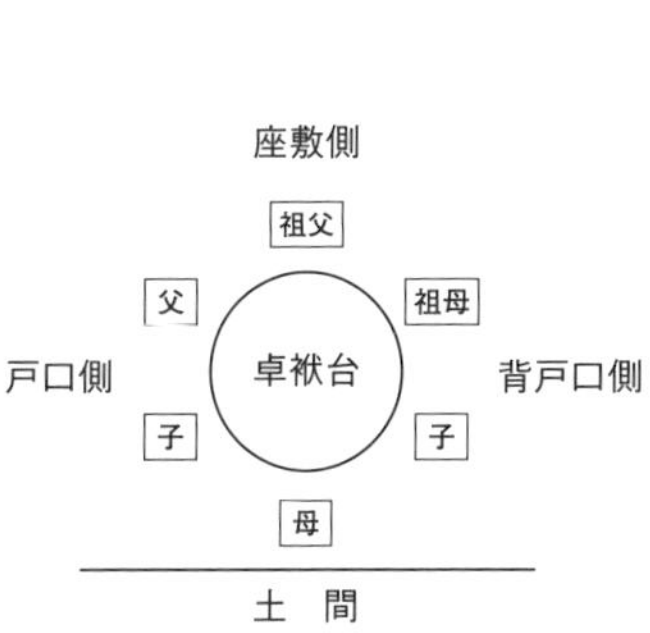

卓袱台での座席

間の土間筋に面して置かれた。この箱火鉢は入口から見て、奥の位置に主人が座り、向かい側に客が座った。板の間では、箱膳が置かれ家族は個別に食事していた。この箱膳の置かれる位置は、いろりの四角の席順と同様であった。昭和二〇年代になって卓袱台が使われるようになり、家族が一つの食台を囲んで食事をするようになった。そして、いろりでの席順はそのまま卓袱台を囲む席順となっていた。

現在では「かまど」が取り除かれ、この部分は改造されて台所として使用されているところが多い。私が調査した宇陀地域の民家の多くは台所として使用されている。ここには食台が置かれているが、いろりの席順がそのまま現在にも引き継がれている。私が高校生で、まだ祖父が健在だった頃、家族が食事していた席順は次の通りである。

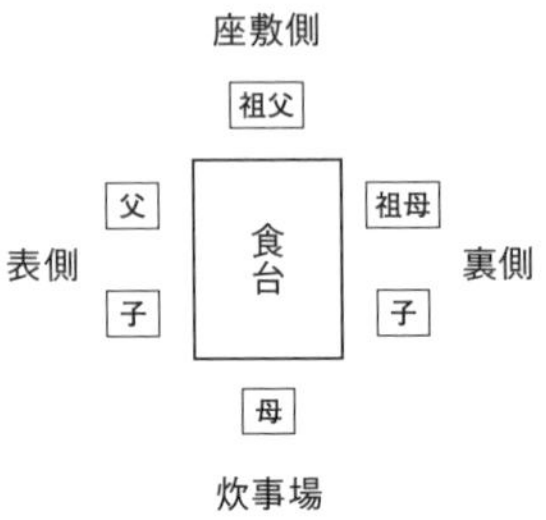

食台での座席

かまど（かまさん）には三つから、上級の農家では七つのかまが作られた。用途に応じて、毎日のお茶に使う湯を沸かす茶釜、ご飯を炊く主がま、おかずを炊くかま（特に名称はない）、お茶の葉や豆種を炒るかま、ハレの日（宇陀地域では〝とっきより〟と呼ばれた）で訪問客が多い日に使われた大がまを炊くかま、またそれぞれのかまの予備などである。

かまどから出る煙は、家内部の梁組みの木材を虫から避ける効果があった。しかし、かまどがなくなった現在では梁組みの木材には白アリなどの害虫が付くようになり、古民家の管理維持が困難になってきている。

◆基礎

日本の民家における基礎工事は一般的に弱いと言える。太古には掘立柱で、これは地面に穴を掘り、そのまま柱を立てる方式である。簡単であり柱の曲がりも差して気にならない。しかし、最大の欠点は埋めた部分が地面の湿気で腐敗することである。

このため、後には地面の上に基礎石を置き、その上に柱を立てる方式に変化した。石の下部には小石を並べて石の沈みを補強した。しかし、長い年月の間に建物の重さから少しずつ沈むため、建物に撓みが生じ、襖が動かなくなったりした。基礎に使われる石は河原などで容易に採れる自然石で、柱に合わせた大きさの石であった。しかし、土間部分や表面で人目にふれる部分では柱に比べて大きくし、台形に削られて幾分見栄えを良くしていた。

◆柱

柱は、日本建築の主役と言っても過言でない。家屋の部分に応じて材質、太さ、用途が使い分けられた。材質としては杉が最も多く、檜、松も多く使われているが、江戸藩政時代にはそのような美材を用いることを禁止していた地方もあったため、座敷周りには松や栂、他の部分には栗類を用いた。幕末には欅の大黒柱が登場した。杉は成長が早く柾目の良い材がとれた。檜は材質が硬く、光沢を持ったため、人目に触れる表面に多く使われた。また、板は小縁の板張りに使われた。

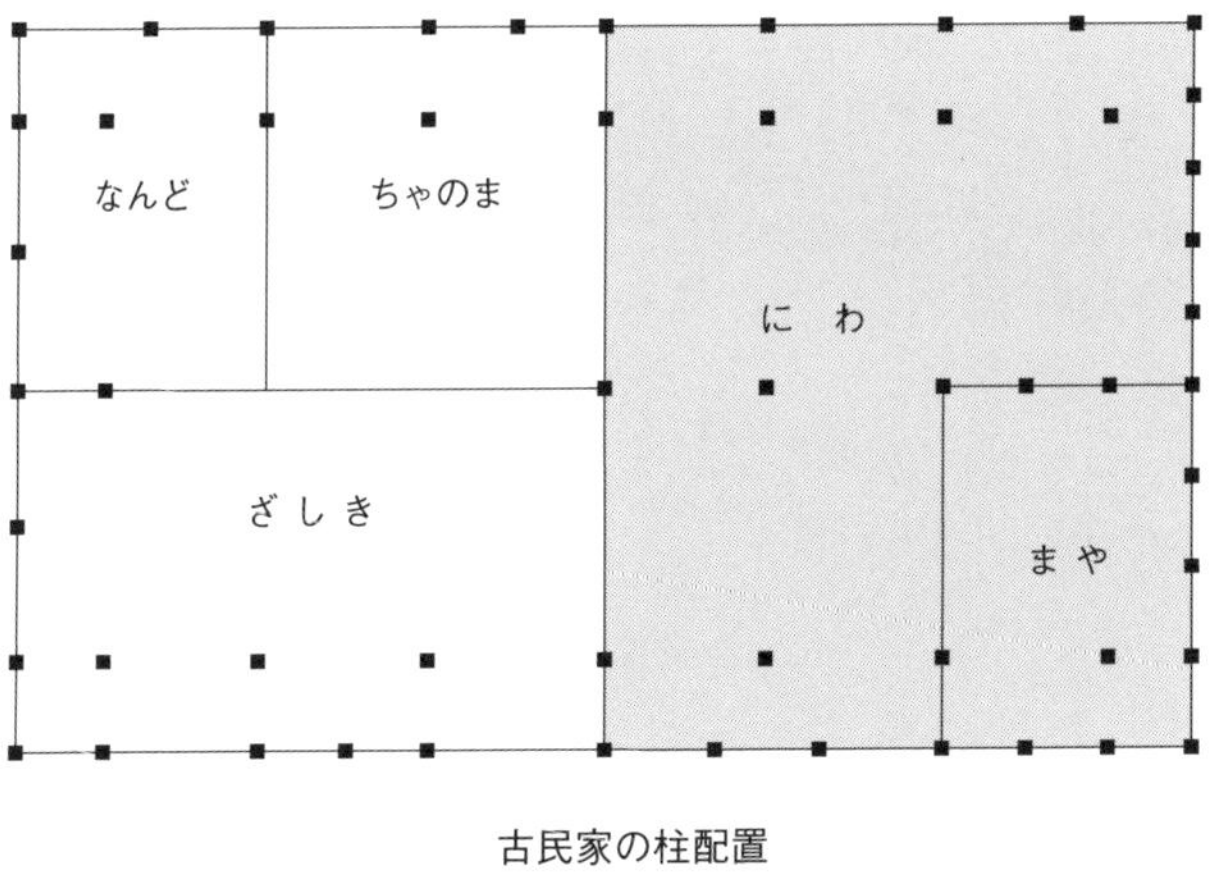

古民家の柱配置

柱は上屋根の重荷を支えるため、その位置は規則正しく立てられた。古い民家では土間に荒削りの柱が立てられている。後世になり差し鴨居が登場して柱が取られた。

民家は上屋と下屋で構成される、上屋部分に架けた叉首《さすくみ》組構造を上屋柱が受け、下屋柱は家の回りを囲んで葺き下ろした軒を支えている。

宇陀地域は古より良質の檜の産地として知られていた。松、中でも赤松の質は良く、差し鴨居に適していた。また栗の木は湿気に強く、材質が硬いため、土台などの腐り易い部分や小屋梁組みを支える柱にも使われた。栗は自然生えの木が適していた。また、欅は硬い材質で光沢を持つため、家の中心で荷重の集中する大黒柱に使われた。宇陀地域では近くの里山で良質の杉、檜、松、栗、欅などが採れた。

古い民家の内部に入るとひと際、太い柱を目にする。これは大黒柱（宇陀地域では、はなかみ柱とも言う）である。部屋境に一間ごとに柱が立っていたが、ものを持ち込んだ時に通路を広くする必要から柱を除いたことから、差し鴨居をした。この分、荷重は両端の柱にかかることになる。このため、大黒柱は他の柱よりも太い柱が必要になる。大黒柱は土間から屋根裏までの長さと、差し鴨居との構成から、立てられている場所からもその家の風格を表す抜群の効果はある。このため大黒柱（はなかみ柱）に使われる欅は、太くて、光沢があり、表面の文様が美しい良質の欅が使われた。

◆差し鴨居

差し鴨居は、造作材であると同時に構造材でもある。建具としての鴨居の役割と同時に屋根や小屋組みの荷重を受けて両端の柱に伝える梁の役目も果たしているからである。鴨居に使う木材は、製材の時、四面の角材にするが、矩型の断面を持つ角材にする。縦面と横面が出来るが、この比率は使用する部分にかかる荷重の程度によるが、中には六対一に及ぶものもある。宇陀の古民家では縦面が六〇センチに及ぶ民家も散見された。「つし」に柴などの荷物を置いたり、二階建てにした場合は荷重がかかるため、鴨居は長い面を縦面に使用する。差し鴨居は室内では極めて目立った。

◆壁

日本建築の壁は西洋建築の壁と異なる。西洋建築の壁は石やレンガを積み重ねて壁自体を強くしてある。これは、壁自体が家屋の荷重を支える役目を果たしているからである。これに対して日本の建築の壁は、単に桁や梁を塞いでいるに過ぎないものである。従って家屋の荷重に耐えるようにはできていない。農家では主に土壁である。桁や梁の基本的な構造が出来上がると、柱の中心に貫を通し、割り竹や細縄で編まれた上に、泥土を塗る。完全に乾燥すれば、上からきめ細かな土質の土を塗る（中壁と言う）。さらに相当の期間をおいて見栄えの良い奇麗な土や漆喰で壁を塗る（うわ壁と言う）。

この土壁は四季の寒暖差が大きい日本の気候によく適合していて、湿度の高いときは土が湿気を吸い取る役目をする。夏の暑いときは外気の高温を防ぎ、冬の寒気も遮断する役目をする。また、外部の騒音も遮断する。

この壁は下地を作って両面に土を塗るが、塗り屋造りでは柱の外面に壁の下地を作って土を塗る方法がとられる。この方法は土蔵に使われ、内部からは柱が見えるが、外部からは柱は土に塗り被せられているため見えない。厚い壁を持った土蔵は耐火構造であるが、この壁は準耐火構造である。隙間風を防ぎ暖房効果は高い。寺院に多い漆喰塗りの壁はこの土壁の上に漆喰が塗られたものである。

漆喰は初期の頃は、石灰に糊材として米飯やにかわを練って作られていたため高価であった。しかし、一般の民家でも多く使われるようになると、より安価な海藻が使われるようになった。

◆玄関

玄関は、外部に取り付けられた式台のついた入口である。農家では土間の入口（大戸口と言われた）

に戸がつけられていて、普段はそこから出入りしていた。儀式の時や、その家の特別な日（宇陀地域では「ハレの日」と言った）には式台と呼ばれる畳の間に通じる入口から出入りした。玄関とは「玄妙なる関門」の意味で禅語である。この式台は、低い板張りの床と畳の間へ上がる幅の狭い板の段からなっている。

式台には、板戸の舞良戸（まいらど）二枚を両脇に固定し、その内側に二枚の舞良戸を引き分けに、さらにその内側に二枚の障子戸が引き分けに設けられている。昼間は障子戸だけであるが、夜間は板戸の舞良戸で閉められる。

◆大戸

大戸とは、土間に入る時の出入り口（宇陀地域では「にわんくち」と言った）に作られた一・八メートルほどの板戸で作られた引き戸である。大戸は農家にも町家にも見られる戸である。大戸の中には、さらに小さな障子で出来た潜り戸があり、平時や夜間には大戸は閉じられているが日常の出入りに使う。玄関のない一般の家に身分ある人が訪問した時は大戸口は使わず、縁側から上がって直接座敷に入った。

式台は武家の住宅に作られていたのが発祥といわれ、一般の農家には作られなかったが、時代が下り余裕のある農家でも、大戸以外にこの式台が作られるようになった。

◆大黒柱

土間に入ると、ひと際太い黒光りした光沢のある柱が目に入る。家の中心をなす大黒柱である。人間の集団の要をいう言葉に大黒柱という言葉が使われる。この意味の通り民家での大黒柱は数多くある柱のなかで、梁組みや差し鴨居が集中して家の荷重のかかる柱に大黒柱がある。太い梁や鴨居を太い柱に堅固に取り付ける仕口の技術で重い柱を固めていた。くり貫かれた大黒柱に貫き出た鴨居の端は、さらに大きな楔で止められている。民家の作りで最初から太い大黒柱が使われていた訳ではない。太い材を使うのは新しい時代に属する。古い時代には内部に使う木材は細い柱であった。大黒柱が太いのは太い木材を堅固に繋ぐため必要な太さなのである。大黒柱は欅などの重荷に耐えられる木材が使われ、一片が三〇センチ以上の柱が多い。一つの家で大黒柱は何本も使われるが、土間部分と床部分の境に使われる大黒柱が最も太く立派である。

◆建具

日本の民家は開放的といわれるが、最初からそうであったわけではない。江戸時代中期になって綿を使った温かい寝具が普及するまでは、夜間の寒さを凌ぐため民家の間口は狭く、内部は真っ暗であった。

建具としては板戸が見られる。古い時代の板戸は上桟がなく板が切ったままにされている。板戸は部屋境の間仕切りとして使われたが、時代が下ると座敷のまわりでは襖が用いられるようになった。この襖には山水画が描かれ座敷の周りを飾った。板戸の中央に帯状の桟が入った戸を帯戸と言う。また、横桟が多く使われている戸を横舞良戸と言う。縦に桟が入れられた戸を縦舞良戸と言う。座敷の周りには杉戸と呼ばれる杉の一枚板の戸が見られることもある。ここには、孔雀、牡丹、鷹などの花鳥絵が描かれていることもある。

古い民家の板戸は、幾世代にも亘って使われているため、黒い光沢がある。開閉は、敷居が水平を欠いていたり、すり減っているため一般には重い。このため、下側の桟には敷居と磨れる箇所に桜材などの滑り易く、すり減らない木材が使われていることもある。

板戸は時代が下ると、建物の最外側の縁側に移して雨戸とした。内部は暗くなるので、内側の柱内には部屋に採光の必要な場合には、板戸ではなく障子戸が置かれた。障子戸の下部分には縦板が張られている（腰付き障子戸と言う）。障子戸には紙が張られているが、紙は貴重であったので一般に使われるようになったのは明治中期以降であった。近年では雨戸の板戸はガラス戸に置きかえられている。初期の板戸のみの場合から障子戸を入れて、さらに板戸を縁側に移し、この板戸がガラス戸に変わるまで約五〇〇年経過していると言う。

◆格子

格子は外部に設けられ、防犯や内部への遮蔽と通風・採光また装飾の役目を果たしており、民家に多く用いられた。

格子は外部からの効果を狙った機能以外にも、内部から格子を通して見た外部の風景が良く映る効果も必要である。格子の種類は構造的に大別すると、台格子、はめこみ格子、平格子、木連格子、親子格子、千本格子、蒸子格子などさまざまである。蒸子格子は、広い大きな壁にアクセントと内部への通風・採光の役目を果たすため、一般の農家でも見られた。物を蒸す時に使う蒸籠（せいろ）の底の形に似ていたので、蒸子窓と呼ばれたり、虫籠にも似ていたので虫子窓とも呼ばれた。木部の上部を土と漆喰で塗り固めた防火構造になっているものや装飾性の高いものも見られた。

◆庇

日本の民家を特徴づけるものに、屋根から出ている長い庇がある。庇の主たる目的は障子や畳を雨や強い日射しから防ぐプロテクターであるが、他にも、この長く出ている庇のおかげで雨の日でも庇の下で作業ができるなど、農家にとって大変都合よく出来ていた。長く重い庇を支えるため、柱には腕木を付け、その上に通し桁を渡している。長く突き出た庇の下は広い軒下となる。最近の住宅を見ると、この庇がなんと短いことかと驚く。このため一時の雨宿りさえもできない。もちろん洗濯物を干していても雨になると濡れてしまう。農家の長い庇は重宝である。

◆階段

日本の民家の階段は西洋の階段に比べて一般的に

貧弱である。総じて控えめで人目をはばかるようにも見える。この理由は、長い身分制度の中で身分により二階建ての建築に厳しい制限があったことで、階段の発達が遅れたためと言われている。二階建てが多く造られるようになってからも、上に上がるのは梯子程度でよいと言う思い込みから、梯子に毛の生えた程度でよしとされてきた。農家でも二階部分（つし）は蚕を飼ったり物置に使用していた程度のため、梯子を板に置き替えた梯子段で用が足りており、西洋建築に見られるような表面に設けられた立派な階段は必要でなかった。

ただ、宿場街道沿いに見られる旅籠屋では二階部分が旅人に利用されるため階段は幅の広い立派なものが造られた。また、階段の下部の空間を箪笥や引き出し、戸棚に利用した箱階段（箪笥に利用した階段を箪笥階段と言う）が見られる民家もある。

◆床の間

床の間は書院の流れをくむもので、床、違い棚、書院の三者で構成されるのが正規である。座敷の間に格式を与え儀式の場としての風格をあたえるもので、部屋境の長押しの上には欄間がおかれてさらに装飾性を高めている。

江戸時代には庶民の家では座敷を設けることや床、棚、書院を設けることは禁止されていたが、その禁を犯してまで造作することが絶えなかったと言う。また、名主や庄屋の家では役人の応接に使うことから床の間を造作した民家は多かった。床の間は西洋建築には見られない東洋独特の境地が秘められ、枯山水の掛け軸や高僧の墨跡などが飾られた。本勝手の床の間は左側に縁側と書院があり、右に床脇の違い棚を置き、その間を仕切る壁の下部分は空洞にしている。右側に書院、左側に違い棚を置く床の間を逆勝手と言う。

床の間の主役は中央の床柱である。ここには光沢のある装飾された上質の柱が立てられる。木材には良質の杉の他、檜、桜が使われた。床框（とこかまち）は黒漆塗りが正規である。しかし、一般的には欅木の材料を使っているところが多い。古い民家は総じて高く一二センチから一八センチである。床敷きには畳や松の一枚板が使われる。この一枚板は高価なことから畳を使う民家が多かった。

◆書院

書院は室町時代から僧侶が写経や書見をするために設けられたことが始まりとされる。床の間に直角に設けられた縁側に張り出した机である。両脇の柱間に障子戸をはめられたものを平書院といい、出窓風になっているものを付け書院と言う。書院の板床部分に硯や筆が飾られるのは現在である。

◆門

門は、屋敷の外構えに設けた出入口である。門の扉の板は上級になると、欅の一枚板で造られ、その家の家紋などをあしらった飾り金具や鋲が打たれている厳めしいお城に見立てた門も見られる。

当初、門を築くことは武士以上にしか許されなかったが、時代が下がり、庄屋以上の家柄でも築くようになった。普通の農村でも長屋門のある民家が多く見られるのは、庄屋以上の家格のある家ばかりであったと言うわけではなく、明治時代になって身分制度がなくなってから建てられたものが多いからである。

門は、柱を二本立てて扉を付けたのは略式で、門に建物を附属させて塀を兼ねた長屋門が正式である。門の本来の目的は屋敷内に無用の人を入らせず、屋敷内を見せないための権力者の格式を示す建物であった。外部の者には厳めしい門でその威厳を示すことで、自己の尊厳を示していた。現在の世の中でも、権力的な地位を保持しよと思う場合は、外部の者には内部の情報を出さないようにする傾向がみられるのは、この名残であろうか。

宇陀地域の民家でも門を築いている家は何軒かある。以前は公的な書類や履歴書などに「門地」と言う文字が見られたが、現在日常ではもうそうした文字や言葉を使うことはなくなった。「門地」は、その家の家柄や家の格を表したもので、この門の造作により、その家の家柄・格式が決められた。ここを通る時、襟を正して緊張感を抱くのはそのためかもしれない。門が来るものの人柄を選別しているかのようにも思える。このため、この正門を開ける時はその家にとって、冠婚葬祭など極めて厳格な時に限られた。通常、門は閉ざされていて、その家の当主でさえ普段は「くぐり戸」と呼ばれる横に備え持つ小さな出入口から出入りした。また、その家に出入りしている行商人などは、同じ外構えに備え持つ「勝手口」から出入りしていた。この様に一軒の屋敷内に入る場所は、出入りする者の立場や身分により明確に区別されていた。

◆塀

塀は、元は下級武士の屋敷の周りを囲む防御壁として造られた。防御設備には、土塀以外に周囲を堀で囲んだり、自然に生えた竹藪をそのまま防御壁に利用することもあった。また、集落全体の防御には周囲に堀を巡らす環濠も造られた。県内でも大和郡山市などに環濠集落が見られる。

塀は最も多いのが土塀である。また、板壁も見られた。県内の古い民家の塀を見ると、奈良盆地では屋敷の周りを土塀で囲んでいる民家が多い。これに対して宇陀地域の民家では、塀は見られない。この理由は、奈良盆地では、中世以降、常に外敵の侵入の危険に晒されていた経緯が挙げられる。これに対して宇陀地域では比較的平和で争い事はなかったことが考えられる。その名残か、宇陀地域では少し前までは、夜間に就寝するときでさえ、戸や障子を開けっ放しにしたままの状態が日常の姿であった。それが、いつの間にか戸締まりをして就寝するようになった。

門にしても塀にしても中にある屋敷を取り囲んでおり、外部からは内部を見ることは出来ない訳である。これは見方により門塀を豪華にしておけば、内部の屋敷内にある主屋などの建物は質素でも不都合ではないことになる。私は畿内の民家を隈なく観察してきたが、現在でも門塀は豪華であるが、内側の本宅はわりと質素な民家が多いのもそのためであろうか。門塀は最初、武士以上の家格があるものにしか許されなかった訳だが、一般的に武士の住居は門塀の内側は質素であった。門塀が豪華であるわりに内側の建物を質素にしているのは、その名残であろうか。

◆敷居

敷居は、戸・襖・障子などの下にある溝のある横木を言う。部屋の区分境界に用いられる。ただこれだけの役目の木材であるが、古来より「敷居が高い」と言う言葉がある。これは不義理などして、その人の家に行くことが少し気が引けると言う意味である。また、「敷居越し」は貴人に接する時、その部屋に入らないで敷居の外からものを言ったりした事を言う。この様に敷居という言葉は、部屋の区分境界から転用されて、物事の区分けの境界の意味に用いられるようになった。

◆かど

主屋の建物の前面にある広場のことを「かど」と呼んだ。門（もん・かど）も「かど」と読めるが、ここでは一般的に言う門の意味はない。農家の「かど」は作物を干したり作業をする広場として必要な場所である。現在では、稲はコンバインで脱穀し、乾燥機を使うが、「かど」としてある広い敷地は農家では、稲刈り後の籾を天日で乾すときの用地として利用される他用途は多い。この「かど」は、商家や町家には見られず、農家が持つ特有の広場と言える。規模が大きい農家ほど「かど」は広いと言える。

次に附属建物として

◆蔵

民家は木造であったから火災に遭う危険は避けられない。民家を訪ねていて、昔に火災で焼失した経験があるという話は良く聞く。そこで考案されたのが、蔵であった。しかも、燃えない土で出来た土蔵は盗難避けにもなった。間口を狭くして火の気を入れないように造られている。蔵は本宅とは少し離れた位置に建てた。多くは家の正面から見て左側の奥の位置である。

蔵は燃えては困る物を入れる収蔵庫であったから、中に入れる種類により、米蔵、衣装蔵、味噌蔵などと呼ばれた。また、この蔵には鏝職人の技で巧みな漆喰文様を見ることができる。特に窓の締め戸には鏝絵が見られる。図柄は鶴亀、松竹梅、七福神、龍虎など吉祥文様が多い。漆喰を土塗り壁の上に塗るのは、壁の耐水性を高めるためである。しかし、雨で風化してくると、どうしてもはげ落ちてくる。そこでこれを少しでも防ぐためと見栄えから壁の中に平瓦を入れる場合がある。ここに表面の壁に文様ができる。漆喰をなまこやかまぼこ型に盛り上げて〝なまこ壁〟と呼ばれている。

総じて農家の広い敷地である屋敷には、主屋、納屋、土蔵、井戸などがゆったりと配置され、農家の空間の余裕を感じさせてくれる。

なお、既述した宇陀地域の吉川家住宅では主屋を中心に四隅に味噌蔵、家具蔵、米蔵、衣装蔵を構える「ゴカン」造りと言う建築方式があるのは注目すべきことである。

◆味噌部屋

味噌・醤油・漬けものなどを貯蔵するための部屋を特別設けた。納屋の奥側に設けるところもある。また、別棟の独立した建物の場合は「みそぐら」とも言った。屋敷の中でも陽の当らない奥まった位置に造られた。

◆厩

「まや」とか「うまや」と言うのが一般的で、耕牛圏では、「うしや」「うしごや」と呼んでいる。通常の耕作用の牛一頭を飼う場合には土間の入口近くに設けるところが多い。地面を掘り下げて、周りを石垣にし、敷き藁を入れるところが多い。糞尿の臭気のため、通常は窓、入口は開けっ放しの状態が多い。夏にはハエ・蚊など多い。

◆堆肥舎

厩と隣接して牛の糞尿を貯蔵する小屋である。ここには、便所を併設していることが多い。糞尿は農家にとって重要な堆肥となった。

堆肥舎は柱や土台の腐食を防ぐため、腰を石やコンクリートブロック積みにしてある。また、堆肥となった糞尿を田畑に運び出すため、通りに面した場所に設けられた。

肥料部屋の内部

◆便所

小用の便所は屋内に設けることが多いが、大用の場合は、独立した小屋を設けることもある。厩の堆肥舎と併設することが多い。落とし便所が多いが、二層式にするところもある。地面を掘り下げコンクリートで固めて壺を作ってある。その上にはアーチ型の渡し木を設け、堆肥である糞尿を汲み取り易くしてある。

右側の窓のある部屋が便所。農家の便所は肥料源として、大切である。竹の簾の下には三層の甕を備え持つ。左側は堆肥部屋。牛堆肥は地形を利用した階下の部屋に貯蔵され、必要に応じて扉から表道へ運ぶようになっている。

◆ししなげ

台所で流した汚水も農家にとっては大切な堆肥となるので、その汚水を一時、貯蔵するための槽である。宇陀地域では「ししなげ」と呼ばれた。台所の下を掘り下げ、周りをコンクリートで固めてある。調理場に近く、夏にはハエ・蚊などがわき、衛生的にはよくなかった。

(五) 民家のつくりの変遷

◆竪穴住居

ここで、農家のつくりの変遷について触れておく。都が飛鳥や平城に置かれ、律令国家の体制が整ったころ、農民の生活も近畿地方を中心に次第に変わっていった。それまで主流だった竪穴住居は柱や梁組みなどの木構造の技術も発達して、竪穴を掘らなくても独立して住居を建てられる様になった。都の置かれた畿内では比較的早くからこの形の住居が発達していたとみて良いであろう。東北地方ではそれよりも遅れて発達して行った。内部空間の使われ方は、はっきりとは分かっていないが、土間の部分の割合が多く、その一部に土座（地面にもみ殻を敷きつめて、その上に筵を敷いたもの）があったと推定される。

この形式は長く続いて中世前期頃まで大きな変化はなかったとみられる。その理由は高床部分を占める敷き板を作る技術が未発達だったことと、農耕を主としていたことから材料の籾殻や筵が容易に得られたことから言える。また、土間の一部には竈が置かれて炊事していたと推定される。ただ地方では、さらに遅れていて太古さながらの竪穴住居に住んでいたと言われている。

◆郷村落単位の自給自足生活

中世農民のすまいはどの様で、どの様な生活文化や習慣を持っていたかは推測の域を出ないが、農耕生産、特に稲作に欠かせない人手と共同作業の必要性から郷村落を単位とする自給自足だったことは推定できる。

交通手段が未発達だったことと、情報網が限られていたため、人々の行動範囲は郷村落内に限られ、近場の里山で採れる柴を燃料とし、河川で漁った魚を食材とする生活をしていたと推定される。畿内の一部では都として早くから整った生活とある程度の文化を持っていたといえども、その影響の及んでいた範囲は郷村落を単位とする地域限定的だったと推定される。奈良県の東部山間部に位置する宇陀地域では都とは無縁の、独自の郷村落単位の自給自足生活だったとみて良いであろう。比較的進んでいた畿内でも、都以外の地域では同様だった。また住居は畿内では一般的に平地に建てられ、主屋と簡単な附属の棟があったと推定される。この期間は相当長く続き、現在、各地域に残る年中行事の原型が出来上がったとみて良いであろう。

漸く一六世紀の後半になって幕藩体制が確立されてからも、この地域の郷村を単位とする自給自足生活には変化がなく、その後も長らく続き、明治維新以降も余り大きな変化はみられなかった。一般的には貨幣を中心とする経済活動は行なわれていたが、農山村地域では自給自足生活でこと足りていたため、通貨は必要ではなかったと言える。

◆近代的な変化は昭和三〇年代

近代的な変化が見られる様になったのは、昭和三〇年代の高度成長期に入り、企業が農村の人手を必要とする雇用賃金生活が一般化されてきてからのことであった。ここにきて、企業は新しい生活道具類を生産し、需要を煽った。そうした製品は当初、農山村に馴染まなかったが、次第に生活の中に溶け込み普及していった。これに合わせて、家の内部の作りは少しずつ変化が起こってきた。また、住宅会社が各個人の部屋を持つ住宅を売り出すようになり、少なからず生活文化に変化をもたらすようになった。それまでの伝統的な日本の家屋は、家のどの部分も家族が共に使えるような構造になっていたが、新しい住宅の登場で家族の各個人が専用の部屋を持つ様になっていった。これは農家の長い歴史の中で、大きな変化であったと言えよう。

◆個人の専用の部屋を持つ住宅

住宅会社では売上を増やすため需要を喚起し、この個人専用の部屋を持つ住宅の普及に力を入れ、ある程度は普及した。従来からの家屋もそのまま保存されていたが、一方で大規模な集合住宅であるマンションも出始めてきた。こうして、平野部では従来からの家屋と新しい個人専用の部屋を持つ住宅と大規模な集合住宅であるマンションが混在するようになった。ここにきて風景に変化が見られるようになった。宇陀地域である曽爾・御杖地域ではマンションは殆ど見られないが、宇陀市地域では少しずつマンションが見られるようになってきた。

以上は、いわば一般論でしかないが、具体的な日々の生活は各家庭で状況が異なる。筆者が伝えたいのは、そのような〝一般論〟ではなく、より具体的な等身の目線での生活ぶりなのである。そこで、例として私の生家でもある栗谷の家を紹介する。ここでの状況は栗野家独特の生活ではなく、恐らく多かれ少なかれ、どの農家でも共通していることであろうと思われるからである。

（六）民家を調査する

「文化財としての民家」でも触れたが、民家の調査は、近年になって農村の近代化にあって取り壊される古民家が後を絶たないことから、その保護の重要性が認識されるようになり、全国各地で取り組まれ始めた。研究者たちによる組織的研究の必要が叫ばれ、また民家の研究者も急増して、学術調査が全国にわたって実施されるようになった。ただ、本格的な調査の実務は各地の時間的・費用的な事情から殆ど進んでこなかったのが実情であった。それまでは、外見から特別古風な風格ある民家が候補に挙がり、特別に調査された程度であった。したがって、民家の本格的な調査は行なわれていなかったと言える。

このような状況から、私が所属する『明治・大正・昭和初期の古民家を大切にする会』が平成二〇年七月から平成二一年三月にかけて同地域の古民家二一〇棟を調査している。またそれに先立って、平成一六年九月から平成一七年六月にかけて、宇陀市に合併される以前の旧榛原町内で古民家を調査しており、その実務を踏まえて感じたこと、判明したことを紹介することにする。

元々この会は、民家を調査することを目的にはしていなかった。宇陀地域を中心に活動していたところ、宇陀地域に多く存在する民家を地域資源として、活用することを提案していた。そこで、活用するためには、この地域に存在する古民家が件数、築年代、規模、外観、当主の考える今後の方向など知る必要があった。『明治・大正・昭和初期の古民家を大切にする会』の理念は「幕末から昭和初期頃までに建造された民家は、既に文化財の域に達しているという意識の啓発」に置いていた。その後の活動の中で民家の調査事業が必要になってきたというわけである。

◆調査は民家を学ぶ絶好の場

古い民家を見て共通して思うことは、この民家はよくも今日まで風雨雪に耐えてきたものだなということである。どことなく安定感と安心感がある、どっしりとした風格である。一歩中へ踏み込めば言い知れない安堵感が持てるのである。特に草葺きの屋根を持つ民家にそれは言える。「葬式」の「葬」という文字は草かんむりに死と書く。これは遺体の上に草を覆いかぶせることを意味している。人は草の下に入ることで最高の安心感が持てるのである。だから草葺きの屋根の家に入ることでも同じ安心感が持てる。

創建当時から今日まで幾多の厳しい風雨雪に耐え抜いた古い民家と、その民家の中で生活してきた家族の語らい、慶びも悲しみも全てを包み込んできた歴史に畏敬と尊厳とさえ言える気持ちが持てる。黒光りの光沢ある柱や使われて傷のつけられた板戸を見て、じっと耳を澄ませば、そこで暮らした家族の語らい、笑い、啜り泣きが聞こえてくる。その時代にタイムスリップしたかのような感覚を覚える。今日の住宅に見られる合理性、経済性、居住性、加えて人権性といった要素を重視することより、民家の中に生きる精神的なものを見逃せないのである。人の生活には精神的なものが不可欠だったに違いない。

今日の住宅は、人権の上に立った夫婦を単位とした少人数の家族で構成している。しかし、これらの古民家では一軒の家の中に複数の世帯が生活し、家族が多かった。家族以外の働き手が一緒に生活していた家もあった。大家族の秩序を保つのは容易ではなかったに違いない。ここに、宗教や伝説、伝承といったものがその家族に重要な意味をもたらしていたと言える。

今日、いろりやかまど、火鉢は殆ど使われていず、冷え冷えと隅に仕舞われている。ここでは嘗て赤々と燃えていて、語らいがあった。そのときのさまは想像できない。これらは家族の精神的中心の場であった。

古い民家からは、ここで使われている木材を大切にした息使いが感じ取れる。今日のようないくらでも、すぐに調達できる建材ではなく、他で使われていた木材であったり、修理して補足してある木材など、当時は木材を大切にしていたことがよくわかる。住居部と土間部分の境に使われる、煙返し鴨居のような太い木の造作を見ると、重機のない当時はいかに大変な作業であったか想像できる。

また、民家の各所には適材適所の木材が使用されている。多くは杉、檜、松であるが湿気や荷重のかかる部分には栗、欅などの堅木類が使われている。今日の住宅では木造住宅といえども木材の使用は少なく、新建材が多く使われている。例え使われていても、米松などの外国産材を使用している。これに対して古い民家では全て純粋の国産材を使用している。今日のようなあらゆる部門で和洋混合である社会の中にあって、純国産材のみ使用してあることは、古い民家を評価する上で高く評価される要素の一つと言える。

◆民家調査にあたって

近年の交通・通信網の急速な加速化・高度化による流動化の促進から、物資面・精神面において全国画一化がされている中、特に民家においては住宅会社による多様な外観・構造を持つ、新建材を用いた住宅が普及されている。これらの住宅は、耐震性・耐久性について研究を重ねられた優れた建物が多いことは喜ばしいものである。ただ、こうした中で、従来から存在していた伝統的な純日本建築の住宅が急速に失われているのが実情である。昭和初期までに建造された民家は全国に推定三五万棟あり、内、何らかの文化財的価値が認められる民家は推定数万棟といわれている。これらの民家も現在の速度で消失が続けば、今後、一〇年以内には三分の一になると推定される。

同時に全国的にも問題になっている空き家の増加の問題がある。国や自治体は空き家の積極的な活用を推し進めており、古い民家を調査し、その活用を図ることは誠に有意義である。

◆調査にあたっての注意事項

民家の調査には民家の事前の情報収集が不可欠である。地域を車で回れば、民家の外観から築年代の新旧を知ることができる。また知り合いや地域の自治会長、議員などから情報を得ることができる。一軒訪問した際には近隣で築年代の古いお宅を尋ねることもできる。訪問アポ取りも必要である。紹介者があるとなおさら訪問し易い。アポ取りでは自然と相手の都合になることが多いが、自己の都合も考える必要がある。訪問時間は基本的には午前九時から午後八時の間が妥当である。ただ、外部の写真を撮る場合には夕刻ではうまく撮れないので、その点を注意することが必要である。

◆民家の調査項目

民家の調査にあたっては、事前に調査用紙を作成しておく必要がある。これは、私の経験では、訪問先では当主が応対に出るとは限らないし、当主が応対してくれた場合も、相手方はこちら側の意図するところとは関係なく、雑多な話をすることが多い。時間制限なく一方的にどんどん話を進めるのである。その中から知りたい情報を拾い出す、と言う恰好になる。〝主導権〟が相手側になる中で、終わった時点で、あれが聞けなかった、これも聞けなかったなどと言うことにならないよう、事前に調査用紙を作成しておくと良い。訪問は一回限りと心得るべきで、後になって電話で聞くことも避けたいものである。

以上は民家の中で主に農家について述べてきたが、さらに具体的生活状況は各民家の歴史・その民家を取り巻く環境により異なる。そこで、一例として以下に栗野家の内容を取り上げた。各民家にはその民家に伝わる家伝などの、その民家だけが持つ特異性があれば、どの民家にも言える共通性もある。

会外秘

調査票番号　　　　　号

明治･大正･昭和初期の古民家を大切にする会

民家調査票Ⅰ

	ふりがな					
民家名	家住宅					
主　屋	納　屋	蔵				
	ふりがな					
現所有者						
現所有者住所	郵便番号	—		電話番号	－　－	
	ふりがな			FAX	－　－	
調査地	郵便番号	—				
（物件所在地）現表示						
（物件所在地）完成時表示				※注1　小字名まで記入のこと。		
立地状況						
物件築年代				※注2　和暦･西暦とも記入		
	状況証拠			※注3　棟札等の有無、記録、言い伝えなどなるべく詳細に記入のこと		
物件履歴						
構造形式	屋根形式	切妻	寄棟	入母屋		
	屋根材料	茅	小麦藁	稲藁	杉皮葺き	瓦葺き
	入り口	妻入り	平入り			
	間　取　り	整形4間取り	くいちがい4間取り			
	その他特筆事項					
材　質						
所蔵資料		預かり書発行の有無	有・無	※注4　特に古文書など預かれる資料などあれば、なるべく預かること。		
家伝説･寓話･その他特筆事項						
経済効果創出観点から観た調査員所見						

民家調査票Ⅰ

会外秘

調査票番号＿＿＿＿＿＿号

民 家 調 査 票 Ⅱ

写　真(※注5 表面から全景撮影のこと)

写真番号

撮影者

撮影日
平成　年　月　日(　曜日)

内部間取り図

略地図

桁行　m
梁間　m

備　考

活用についての所有者の意見	

調査月日　平成　年　月　日(　)　時間　:　〜　:

談話者・紹介者	氏　名			年 齢		男・女
	住　所	郵便番号				
	連絡可能な時間		電　話	－　－		
	当民家との関係		職　業			

調　査　員	氏　名		印

民家調査票Ⅱ

（七）栗谷の家

◆遠祖は高倉院の曾孫、惟明親王の孫「栗野宮」か

まず最初に栗野家の発祥について触れておきたい。私が幼い頃、昭和三〇年代の或る日、祖父が「栗野はなかなかいいんやで、イズモのクリノミヤの遠祖で皇族になるのや」と言っていた。私はこの時はまだ幼かったので何のことか意味がわからなかった。幼い時の話は何時までも記憶に残るものである。私が高校生のとき、この話のことが気になり図書館で調べていると、江戸時代に出版された書物で、皇族や大名の系譜の専門書が有ることがわかった。その書籍は「寛政重譜諸家譜」といった。この書物は普通の図書館にはなく大きな図書館にしか置いていなかった。その後、大阪市の中央図書館にあることがわかり、私はそこへ出向いて調べてみたところ、高倉院の曾孫、惟明親王の孫に「栗野宮」が創設されていることがわかった。しかし、それだけのことでそれきり別段なにもしなかった。この話は、祖父が祖父の母から伝え聞いたとのことであった。私から見れば曾祖母にあたるわけである。

その後、この話は私の意識の底深くに封じ込められていた。しかし、還暦近くになった私の意識に再び浮上してきた。その記憶が妙に気になり、試みに調べてみたところ、第八〇代高倉天皇の曾孫で惟明親王の孫に栗野宮家があったことがわかった。やはり、祖父の言っていたことは本当であった。六〇〇年以上も昔の話である。曾祖母は文久三年（一八六三年）に大和宇陀郡に生まれて昭和二〇年に没している。現在、そのことを示す痕跡があるわけではないが、現在のような情報社会でもないのに幕末頃の人がなぜそのようなことを知っていたのか、やはり家伝として延々と受け継がれてきたのであろう。因みに四世代として一〇〇年後の子孫は一〇〇人にも達する計算になるからあながち途方もない話とも言えない。私はこれまでにも歴史上の著

名人の子孫だと言う人を何人も見てきた。私はこの話を信用することにしている。ただ証拠とする遺物は限られているから、証明するのは無理な話である。最初にも述べたがこれは、単なる一例であり、各民家には何がしかの家伝はあるはずである。ただ家伝はあっても、それを公開する必要の有無にすぎないのではなかろうか。

◆戸長役場の跡地

栗谷の村は、なだらかな斜面の土地で斜面の上にある民家から数えて一二番目にあたることから地番は一二となっていた。栗谷の家は長らく一二番地を正式な地番として公に使用していたが、この家の所在地の番地が正式には五六〇番地であることがわかったのは祖父がなくなってから数年経過してからのことであった。それまでは祖父も母もなんら疑問を持たず、一二番地とばかり思っていた。隣にある母屋からの分家であるが、村の古老の話によると、栗谷の家のある場所は、その昔、明治初期のころ付近の村の行政の役割をしていた戸長役場の跡地らしいのだ。表札や痕跡といったものは残ってはいない。私が高校を卒業したその年の夏に八六歳でなくなった祖父からは、この栗野家に関した多くのことを聞いていたが、戸長役場の跡地であったことは聞いていなかった。知っていても言う必要がなかったからかもしれない。

◆慶応元年に建てる

栗谷の家は入母屋造りで祖父の話によると慶応元年に建てたらしい。入母屋造りであっても棟木より前面は神社のように湾曲しているが、裏面では湾曲は見られない。同じ入母屋でも少し変わった形式である。裏の土地は竹藪の斜面と崖になっているため庇が触れるのを避けるためと思われる。宇陀山中の典型的な農家の建て方で間取りは田の字型である。

◆家族の基点は昭和三六年

次に時代の基点を昭和三六年として、この時点での私の家族を紹介しよう。私の家族は、七四歳のおじいちゃん、共に四六歳の両親、高校生の姉、小学校二年の兄そしてまだ幼稚園の私の計六人家族である。平成二四年、現在の一戸あたりの家族世帯数平均である二・四人からするとかなり多い世帯員数であるが、当時は普通であった。

◆女性は一二人産んだ

母の話によると母が幼いころには世帯の構成人数が九人、一〇人はいくらでもあったとのことである。一人で一二人の子供を産んだ女性もいたとのことである。しかし、昔は医療環境が現在ほども整備されていなかったため、幼くして命を落とした人が多くいたらしい。現在は少子化で小学校が統廃校になっている。存続していても全校児童数が一、三〇人程度でかろうじて残っている状況である。母の小学校時代は全校児童数、一六〇人から二〇〇人いたとのことである。一クラス三五人から四〇人が三クラスあったらしい。

◆農作業に人手が必要

農家では、現在のように農作業が機械化されていなかったため、人手が必要であったこともあり、家族数が多いほど作業が捗った。農作業に人手が必要であったから、家庭の子供はよく働いた。その分、学校の授業を休むことも多かったから落第する人もいた。また字を書けない人や計算できない人もいた。現在のように勉強嫌いで、できないのとは事情が異なっていた。姉がまだ小学生のころ、授業が終わると、いつもは母が学校まで迎えに行っていたが、農繁期で忙しい期間は学校の先生が姉を相手に遊んでくれていたらしい。

◆稲藁屋根について

ここで屋根について少し触れておくことにする。茅にしても稲にしても草葺きの屋根は夏は涼しく冬は温かった。理想的には茅葺きにしたいわけであるが、茅葺きは費用が嵩むので大概の農家では稲藁葺きが多かった。夏の猛暑の日でも部屋で昼寝をしていると寒いと感じる程である。

一方、草葺き屋根の難点として梅雨などの長雨の時などは、昼夜関係なく雨漏りがあるため大変苦労したことを覚えている。家のあちらこちらに雨漏りがあると、雨を受けるバケツが少ないので、鍋を利用するしかないわけである。ここで面白い話がある。雨の滴りがバケツや鍋を打つわけであるが、器具の大きさが不揃いであるため、音がそれぞれ異なる。なんともたとえようのない〝演奏〟である。私の家でも長雨のときはその〝演奏〟が聴けた。

現在の屋根は昭和四〇年に稲藁の上にトタンで葺いたものである。この当時はトタン葺きが急速に普及していった時代でもあった。経済的に余裕のある家では銅板葺きもみられたが、銅板葺きは稀であった。農家では毎年稲刈りするため稲藁はいくらでも調達できた。稲の種類としては硬くて長いニシキ系統の稲が良いという。ただ、背丈が長いため台風でなぎ倒されると言うこともある。現在は稲刈りにコンバインを使うため、稲丈が短い稲が殆どである。

私が幼少期のころ、歯が抜けた時、下顎の歯が抜けた時は、その歯を屋根に放り上げていた。上顎の歯が抜け落ちた時は、歯はカドに放っていた。カドとはこの地域の呼び方で家の正面前にある広場のことである。こうすることで次の新しい歯が生えてくることを願ったわけである。現在はトタンであるので歯を放り上げても滑って地に落ちてくる。

稲藁の葺き替えも何度か見てきている。先に記した茅の葺き方のように数年間隔で葺きかえるのではなくして、屡、葺き替えていた。稲藁は茅に比べて雨による腐食が進みやすいため、腐食した部分を随時葺き替えていた。その年に葺き替えた部分は新しい稲の色をしているので、屋根全体から見ると余り恰好の良いものではなかった。どこの家でもこのようにしていた。屋根全体を一度に全て葺き替える家は稀であった。

栗野家住宅の内部は正面から見て左側に高床部分があり右側部分に土間と「マヤ」がある。いわゆる、左住まいの形式である。反対に正面から見て右側に高床部分がある構造の家、つまり右住まいの家もある。左住まいか右住まいかは、その家を建てた施主の意向による。またその土地の周りの状況による。この左住まいか右住まいかを宇陀地域の古民家について調査したところ、六割は左住まいの家であった。

入口は現在では普通に玄関と呼んでいるが、「ニワクチ」である。栗野家住宅にはないが「デヌクチ」と「ドマ」の間に「式台」が付けられている家がある。「式台」は、普段は使われず、僧侶の「トキマイリ」と言ってお寺の和尚さんが檀家の各家を訪問した時や祝儀事などの時にここから出入する。いわゆる「ハレ」の時に使用した。平素は「アイ」と言っているが「アイ」の日には家族や使用人は「ドマ」から出入りしていた。

明確な境界はないが、奈良県の中でも北部地域を「大和」といい南部地域を「吉野」といっていた。因みに、現在、「奈良」と言っているが、「奈良」は奈良県全体を指すのではなく、奈良市内の一部の地域を指して言う地名なのである。

大和ではお寺の和尚さんのことを「オッサン」と呼んでいた。この「オッサン」で注意したいのは発音である。俗世間で聞かれる中年の男性を親しんだり、やや軽く見て〝おっさん〟と言われるが、全く発音は異なる。栗野家では式台がなかったので、私が小学校の頃にはお寺の「オッサン」は小縁を式台に見たてて小縁から出入りしていた。しかし時代の変化であろうか、何時の頃からか玄関である「ドマ」から出入りするようになった。

◆使用人について（オトコシとオナゴシ）

ここで「使用人」について触れておこう。現在、使用人といえは雇い主つまり事業主のことを言うがこの時代のこの地域では労働者、つまり働く側の人を指した。ドマに入ると右側に「マヤ」があり「マヤ」の上には「オナゴシベヤ」と言って、その家の炊事等の家事に働く使用人の女性用の個室があった。

この使用人とは、現代風に言えば個室付きの家政婦と言ったところであろうか。いや、家政婦と言う言い方もなくなり、お手伝いさんといったところであろうか。母の話によると、戦前までここに使用人が置かれていた。使用人は年間を通じてここで寝起きしていた。使用人はその家の家族と同じ家内に住むわけであるが、食事、賃金などはっきりしたことは、何も聞いていないので分からない。現在のハローワークの求人欄や一般の求人広告で、時たま「お手伝いさん」として求人の広告を見るが、このお手伝いさんとは異なる点がある。ここでの使用人は年の内、正月とお盆には「やぶいり」と言って里に帰らせた。この「やぶいり」は現在でも暦には冬は一月一六日から、また夏は八月一六日から、「やぶいり」と書かれている。現在では、この使用人はいないが、その家から他家に嫁いだ人や、また反対に他家から嫁いできた人が「やぶいり」として実家に帰る風習が残されている地域はある。実家では先祖の墓参りなどするのである。栗野家ではこの「やぶいり」の風習は私が中学校の頃まで残されていて、県内に嫁いだ姉が姪を連れて栗谷に帰って来ていた。

この使用人が実家（里と呼ばれていた）に帰る時は、手土産を持たすことがその家の主人の役目であった。使用人は遠く、和歌山県や四国地方から来ていたと言う。数年前のこと、私が大阪市内の企業に勤務していたころ、会社の若い女子社員が何の話題のときだったかは覚えていないが、この〝やぶいり〟と言う言葉を使っていたことが気に止まった。大都会では、こんな風習はなくなっていたと思っていたが、そうではなかった。この事実があったからではないが、なに事につけ、能力主義・経済性・合理性を最優先した現代社会といえども、その思想は卵の外殻に似た表面的な薄っぺらいもので、内側では滔々と伝統文化は受け継がれているとも思う次第である。

また、オトコシベヤは、長屋門の一室に置かれた。「オトコシ」とは男性の使用人で、その家で働く人であった。農家の中でも上級で、ある程度の規模を持つ大地主や庄屋では、オトコシを使っていた。この「オトコシ」についても賃金や日々のあり方など詳細な点については不明である。

オトコシにしてもオナゴシにしても、要はその家の家族の一員として長年奉公していたものが退去した時、奉公先の姓を名乗ることを許された。この「奉公」と言う言葉も現在ではあまり聞かれなくなった。幕末までは、姓を名乗ることは、庄屋クラス以上の家格のある者でなければ、許されなかった。それ以外は「なんとか村のなんとか兵衛」と言った。

◆牛は家族の一員

次にマヤについて触れよう。現在の農作業は機械化されているため時間と人手は少なくても良いが以前は牛を使用していた。特に、荷車を曳いたり、大きな力を必要とするときに牛は大変役に立った。牛は人に代わって田の仕事をしてくれたので、農家は牛を家族同様に大切に扱っていた。牛には「カイバ」を与えていた。カイバとは牛に与える食物である。カイバとしての食材は、刻んだ藁、野菜の残飯、米のとぎ汁などである。年の瀬の大晦日や正月には特別に牛用の団子を作って与えた。

何時の頃か定かではないが、私がまだ幼いころ、牛が柵から首を出している時、小指を牛の鼻の穴に突っ込んでイタズラしていた。牛は大きい吐息とともに首を振りきったことを覚えている。また晴れた日には、マヤの前の「カド」に柵を巡らし柵中に放っていた。また、ある日のこと、私は柵によじ登り、近づいてきた牛の角を掴んで遊んでいた。しかし、牛は私が角を掴んだことを嫌ったのか、首を振り回して私の手を振り切ろうとした。このとき、私はしっかり掴んでいたので、軽い私の体は、牛の首の振り回す力で宙に浮き、そのまま柵内にふり落されて、仰向けになった。泣きじゃくる私の顔の前に、牛の顔がぐっと迫ってきた。私は牛に食べられる恐怖に慄いた。しかし、その次の瞬間には、何者かの手で引き上げられて、そのまま縁側に座らせられていた。その手は父の手であった。私はその後もしばらくは、泣いたまま〝ぼー〟と柵内の牛と牛の世話をする父の姿を眺めていた。牛に関して言えば、話は続く。

◆牛の種づけ

毎年三月頃、牛の種づけが行なわれた。牛に子牛を産ませることである。家の正面右側に柱があり、人の背丈ほどの高さに鉄の環がある。これは牛馬の手綱を繋ぐ環である。ここに手綱を繋ぎ牛に種付けをするのである。白衣を着た獣医は何やら見たこともない金属の器具で牛に種付けをしていた。そしてこのあと、獣医はビール瓶のような瓶で何かの液体を牛に飲ませていた光景を覚えている。

◆子牛の出産

その後、数カ月で牛は産気づき、出産に至る光景も目の当たりにしている。牛のような大型の哺乳類は四つ脚で立ったまま出産するのだ。六時間位かかったであろうか。生まれてきた子牛は薄いビニールのような袋で包まれていた。その袋を母牛は頻りに食べているのである。食べ終わると次には生まれてきた子牛の肌を頻りに舌で舐めていた。生まれたばかりの子牛の肌には、既に艶のある黒々とした緻密な毛が生えていた。数時間も舐め続けた後、子牛の毛は乾燥してくると、母牛と変わらない程立派な毛並みになってくる。その後、数時間で子牛は立ち上がる。最初は後ろ脚を中程に〝く〟の字型に立てる。次に前脚も中程に〝く〟の字型に立てて立ち上がる。この時、子牛はまだ少し揺らついて不安定になるが、程なく安定してしっかりと四本脚で立つのである。こうして自らの力で立ちあがった子牛の姿を見守っていた母牛は、尾を振りながら満足そうに安堵していた光景を覚えている。僅か一両日の出来ごとである。暫くは親子の微笑ましい姿がみられる。また母牛からは牛乳がとれる。ここでも父が牛舎に入り乳搾りをしていた光景を覚えている。

◆親子の峻別

しかし、やがてその親子の牛に悲劇がやってくる。子牛は業者に売られていくのだ。数カ月の親子の生活は無理やりに引き裂かれることになる。業者はその子牛をどのようにするかは分からない。別の場所で飼育して働き牛とするのか、はたまた、食肉として解体されていくのかは分からない。それは農家にとって数少ない現金収入の手段なのである。それは悲劇であるが、それだけではない。マヤで仲良くしていた牛親子であるが、或る日突然マヤから子牛がいなくなるのだ。わが子がいないことに気づいた母牛は、泣き続けるのである。三日程であったであろうか。いくらわが子に呼びかけても一切返ってこない。泣き続けることに疲れた切った母牛は泣くのをやめ大人しく静かになるのである。以後、母牛と子牛は永遠の別れとなる。悲劇である。

◆鶏を飼う

縁の下では鶏を飼っていた。この頃は農家では鶏を屋敷地内に放って飼ったり、また栗野家のように縁の下で飼ったり、また、鶏専用の鶏舎小屋を別棟で作り、そこで飼育していた。栗野家では鶏舎小屋もあって六羽飼っていた。縁の下では金網を張り、内部には太く節目の入った竹を二つに割って作った餌入れで、節目を分けて餌と水を差し入れた。鶏の餌は、近くの小川でとれるシジミを潰したものと、チシャ菜を混ぜたものである。シジミの殻は卵の殻を硬くするためのカルシウムである。チシャ菜は現在スーパーなどで出回っているものよりも大きかったように思う。芯も太いもので現在のものとは種類が異なる。縁の下の鶏は時たま羽ばたくので乾燥しきった土が埃になって舞い上がる。上の縁の板張りは、長年乾燥したまま使用しているので継ぎ目は幾分隙間が出来、そこから舞い上がった土埃が縁の上まで舞い上がってくる。

また時には、卵を飲み込んだ蛇の姿を見る事もあった。蛇の腹は卵を飲んだ部分だけ膨らんでいるため、編み目から抜け脱せずに引っ掛かり、編み目に絡んだまま動けなくなっていたのだ。卵を採ることを目的にする飼い主は余程注意深く見守る必要があった。また、鶏を潰して料理する光景もみられた。先の牛親子は悲劇であるが、こちらは残酷である。

◆鶏の解体

最初に鶏の頭部を掴み、捩じながら畳むようにして二つ折れにし、首の部分を紐で強く縛る。こうすると鶏は痙攣をおこして意識がなくなる。次には鉈で首を一気に切断する。首から血が吹き出てくるため、シシナゲに逆様に吊るして血をすっかり出し切るまで吊るして置く。シシナゲとは、この地域の呼び名で台所から落とした汚水を一時貯蔵する濠である。農家ではこの汚水は野菜等の肥料にするもので、便所の汚水と同じく大切にしていた。さて、逆様に吊るして血の気のなくなった鶏を解体することになる。この光景も凄惨で家庭の主婦が台所で魚を料理するのとは訳が違う。少し勇気がいるわけである。父が鶏を解体する光景も何度か見ている。

少し余談になるが、兎は一羽、二羽と数えて羽を使うのは、当時は牛肉はまだ一般的には食せず、動物性の肉として兎を食していたため、兎を鶏に見立てて「羽」と数えていた。

（八）井戸

◆内部の壁面は石垣で組み、壺の形に掘る

栗野家の井戸が掘られた時期についての正確な記録はない。しかし、常識的に考えてこの家を建てた時期と同時期か、または、この土地が戸長役場時代

から既にあったことから考えて家を建てた時期よりも時代が遡ることになるから江戸時代中期として一七世紀まで遡ることになる。深さ約七メートル、内部は、縁面が石垣で組まれていて、壺の様に地上に近い部分と底に近い部分は小さく絞るようになっており、中央部分は広く膨らむように組まれている。石垣が崩れないための力学的な構造になっている。昔の人の高度な技術を見てとれる。底には平らな石が敷かれている。

◆井戸更え

ここから湧く水は、冬には暖かく感じるが夏は手を浸けていると疼いてくる程冷たい。また、毎年八月七日には井戸更えといって井戸水を全て汲み出して新しい水に替える。現在はポンプで一気に吸い上げてしまうが、祖父が若い頃には家族全員、総出でバケツで汲みとりリレーをしていたとのことである。井戸水は常時湧き出ているため、短時間で一気に汲みあげる必要がある。

すっかり全部汲みあげると、梯子を下して底に下りるのであるが、夏の猛暑の中、井戸の底はひんやり肌寒く、暫くすると寒くなってくる。最近は底まで下りることは滅多にないが、誤って井戸に何かを落とした時はポンプで一気に吸い上げ、底に梯子で下りた時はやはり寒い位である。私が幼いころには、この井戸に赤一色と赤と黒の混ざった色の錦鯉二尾を放って飼っていた。井戸の内部は敷き詰められた石垣で全体は黒っぽいがそこで飼う赤い錦鯉はひと際目だって鮮やかに見えた。村の近所の子供にも見せていた。ところが、この錦鯉は何時の日か突然いなくなった。周りにはなんの痕跡もなく、或日突然消えたのである。その時の印象は今でもはっきりと記憶にある。還暦ちかくになっても井戸を覗く度に、その記憶がよみがえり、今にも石垣の隙間から出てくるような気がしてならない。

井戸に魚を放つことは特別なことではなく、この地域ではよく見かけた。池を持たない家ではよく井戸で魚を飼っていた。ただ川魚といっても鯉、ヤマメ、イワナ、アユといった高級川魚に限られていた。私が高校生の頃にはニジマスやイワナも放っていた。もちろんそういった類の魚はいずれ食用にしていた。現在のようにスーパーで豊富な鮮魚を何時でも買い求めることができる時代ではなかったので、山間部では川魚は普通の食材として食していた。この村で魚を扱う店では、家の前を流れる芳野川で漁った川魚は、普通に店頭に並べられていた。川魚はその臭みを取るため、夏場にはくし刺しにして乾燥させてから焼いて食した。川魚としては高級魚以外にはオイカワ、カワムツ、ネゴ、などであった。ただフナはいくらでも捕れたが骨が多いため食さなかった。

◆井戸の不思議

ところで、この井戸では不思議な体験をしたことが何度かある。元々、この井戸水の透明度は大変よく、底まではっきりと見えていたが、近年夏になると井戸水が少し泥臭い匂いと共に、透明度が下がってきた。原因は数年前に家の裏の竹藪堤を石垣工事したためか、それとも、近年の周りの土木工事のためか。或いは夏に家の前方を流れる芳野川の水流を農業用水に使うため堰を上げることで川の水が溜まり、この水圧で井戸に通じる地下水に田の水が混じるためか、いずれの原因かは不明である。

まだ井戸水が正常だった頃、私が宇陀水分神社に参った時、お札を買ってきてこの井戸を祀っていた。近年、井戸水が濁り出してからも、このお札で井戸を祀っていたわけであるが、数カ月で井戸水はもとのきれいな水に戻っていた。もっとも、夏から祀り出して数カ月であるから冬になり、自然に元のきれいな水を取り戻したのかもしれないが、とにかく祀るときれいな水になる。また或る日、このお札を兄が蝋燭の火で焦がしてしまったことがあった。すると不思議にも井戸水は濁り出してきた。私は大変なことになったと思い、再び宇陀水分神社からお札を買ってきて祀ったところ数カ月で井戸水は元のきれいな水に戻った。祖母がいた頃には祖母は大変神仏を大切にした人で、家内には一二の神を祀っていたという。井戸の神も祀っていたようだが、わたしがもの心ついた頃には既に井戸の神は祀っていなかった。

もう一つの話は最近の出来事である。井戸水が濁り出してきたので、水中ポンプで水を吸い上げていたとき、ホースが折れて流水が止まらないようホースの下に台にしていた雨どいを誤って井戸に落としてしまった。正にその直後に母の腰が急激に痛み出したのである。母は井戸神さんの〝バチ〟にあたったといって盆に水と塩と洗い米を載せて、台所の角で井戸神さんを祀っていた。二日ほどであろうか、母の腰の痛みは不思議と緩和されてきた。

◆病人が出た時は川の水で清める

現在では体の調子が悪い時はすぐに病院で看て貰うが、母が若い頃は医者に看て貰うと言うことはなく〝ミョウジンサン〟に看てもらっていた。ここでは、ミョウジンサンはよく川の水で清めることを教えてくれた。川の流れに添って水をくみ上げ、その水で屋敷の角を清めると不思議と病は治った。母は病院など世話になったことは一度もなかったという。

私も幼い頃までは、体の調子が悪い時は母に連れられて大貝にあったミョウジンサンで看て貰っていたことを思い出す。現在のように薬漬けでは、本来の体の回復力が打ち消されているのではないか。また、祖母が居た頃には、ミョウジンサン以外にも母は祖母に連れられて、菟田野の平井にあった寺へ行き、そこでは祈祷師が護摩を焚いていて、祈祷師は生活のあらゆる事柄の相談を受けていたとのことである。最近、私は菟田野の平井にあって護摩を焚いていたと言う寺のあった場所に案内されたが、そこは敷地だけになっていて建物はなかった。このミョウジンサンは予言者でもあり、神の使いの者であった。日々の生活での悩みも聴いてくれた。縁談、進学、建築、などあらゆる事を聴いてくれた。現在でも栗野家ではこのミョウジンサンを神棚で祀っている。農家では多くの家でこのミョウジンサンを神棚で祀っている。

第二節　生活道具類

(一) 衣類関係

①紋付きの着物 ―― 江戸期から昭和四〇年代

平素は普通の着物を着ていたが、儀礼的な時は家紋が付いている紋付きの着物を着た。

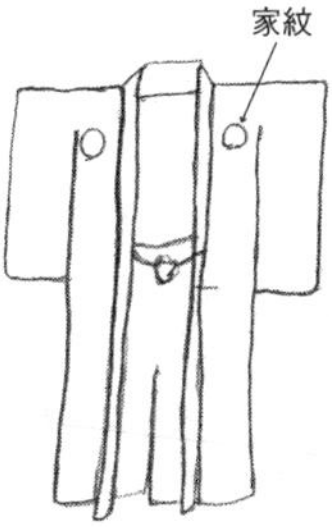

②蚊帳 ―― 江戸期から昭和三〇年代

夜寝る時に蚊を避けるために部屋に吊るした。蒸し暑い夏の夜は戸を開け放して寝入った。宇陀地域は古来より平和な地域で、夜には門戸を開け放して寝入った。昔から雷が鳴って怖い時は蚊帳を張って、その中に入るとよいとされた。それは蚊帳が外の世界と内の世界を区切る結界の役目を果たすと考えられていたからである。また、話し合い等で自分だけが仲間外れに置かれることを言うときに使うのも蚊帳が外と内とを区切るものと考えられてきたからであろう。

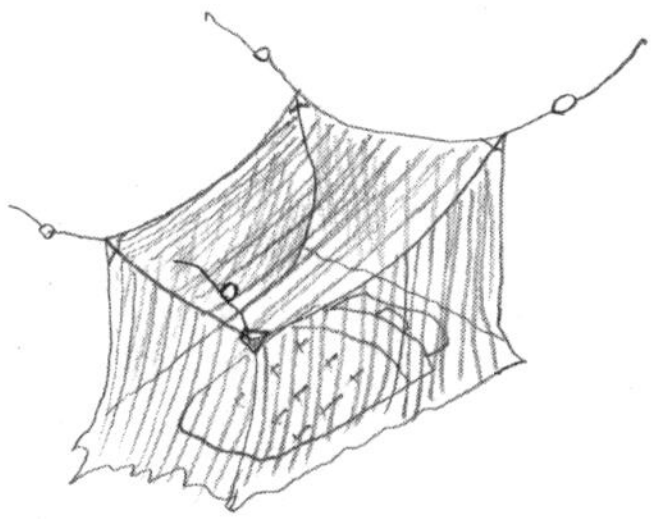

③こて ―― 江戸期から昭和三〇年代

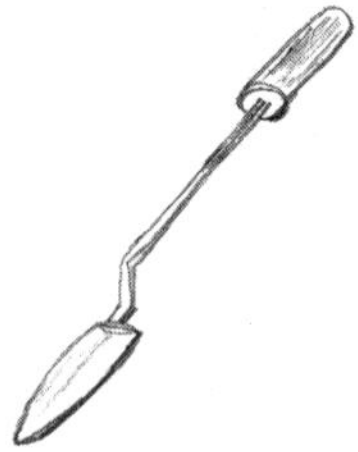

着物の仕立てや皮細工に使われる鉄製の焼きごて。火鉢に差して熱くしてから使った。

④大和絣 ―― 江戸期から昭和三〇年代

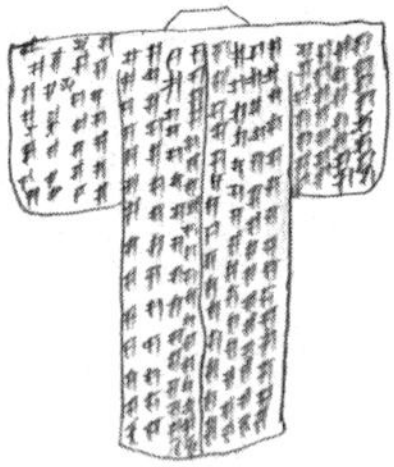

大和絣は、県の平野部（国中＝くんなかと呼んだ）地域を中心に県内に普及した絣である。紺色の木綿に白の絣文様を織り出したものが普段着に使われた。絵絣や幾何絣は蒲団地に多くつかわれた。

⑤柳行李《やなぎごおり》 ―― 江戸期から昭和三〇年代

衣類や身のまわりのものを入れておいたり、運搬するのに用いた長方形の葛籠の一種。割り竹を網代に組んだ竹行李もあった。柳行李はコリヤナギの枝の皮を剥いたものを麻糸で縫い縁に割竹をあてて傷みやすい角や縁に布や革を縫い付けてある。夏には暑い時に弁当が腐らないよう、弁当行李も使われた。

⑥和服類 ―― 江戸期から昭和四〇年代

和服は洋服に対する衣類の総称で、一般には着物を着ていた。宇陀地域では昭和四〇年代には着物は普通に見かけた。特に大人の高年齢の人は殆ど着物を着ていた。私が高校の修学旅行の時、初めて買ったカメラで最初に写した祖父の写真姿は普段着であり、着物であった。それは昭和四七年の秋であった。着物の後ろの裾を挙げて腰紐にかけて畑仕事をしていた。この恰好の姿は他でもちらほら見かけた。

⑦下駄類　――　江戸期から昭和四〇年代

着物に合わせて下駄も普通に使われていた。特に秋祭や初詣でには着物に下駄は当然のように履いていた。それが何時の間にか洋服に靴の姿の人が自然と多くなってきた。

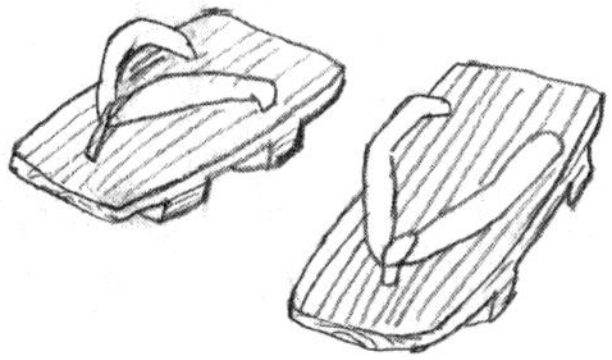

⑧帽子（古い形のもの）　――　昭和四〇年代

帽子を被った人を見かけることは稀だった。外部への訪問時には中折帽子を被ることはあったが、稀であり普段日常では帽子は被らなかった。ただ、野外での作業時には洋タオルで頭を覆い、帽子の代わりとしていた。同様に女性は手ぬぐいを頭に被っていた。

⑨父の中折帽　――　昭和四〇年代

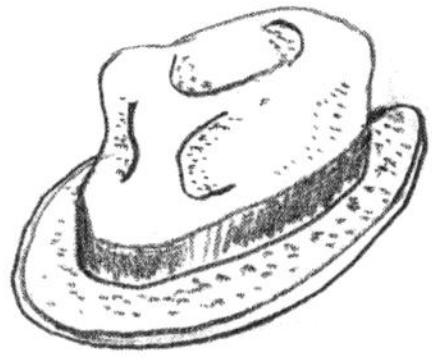

⑩綿が入った着物　――　江戸期から昭和四〇年代

丹前ともドテラとも言った。着物や寝間着の上に着る防寒用の広袖の綿入れを言う。現在は寒期の防寒着として和風旅館でも備えている。

⑪ねんねこ　――　江戸期から昭和四〇年代

背に負った子供ごと覆うように着る半纏。ねんねこ半纏姿の人は良く見かけた。子供の少ない現在では見ることがない。多くが乳母車であろうか。

⑫はりばこ ―――――― 江戸期から昭和四〇年代

縫い針、糸、鋏、ヘラなどの裁縫道具一式を入れた木箱を言う。裁縫箱は現在でも市販されているが木製は稀。

⑬伸子針 ―――――― 江戸期から昭和四〇年代

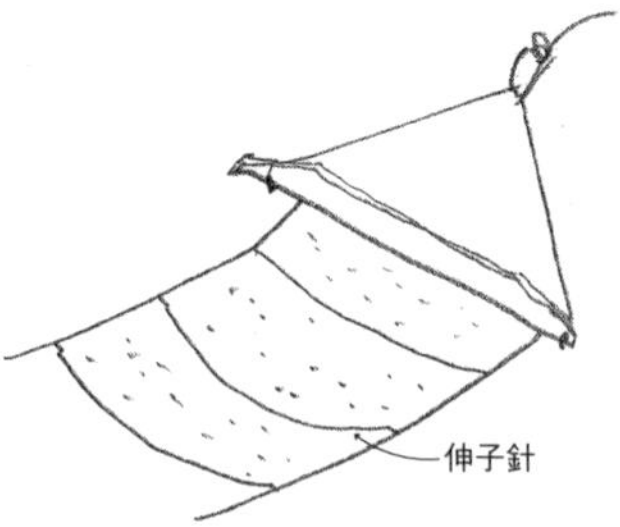

布の伸子張りに用いる針。布の染色や糊張りなどをする際、布の両端を張手という爪付きの板で挟み、紐で引っ張り、棒や立木に括りつけて空中に張る。この時、布幅を均一にするため左右に弓を張るように差し渡すのが伸子針。農家の庭先でよくみかけた。

⑭型枠などの裁縫小道具（針箱） ―― 江戸期から

昭和四〇年代。但し現代でも材質は異なるが用いられている。

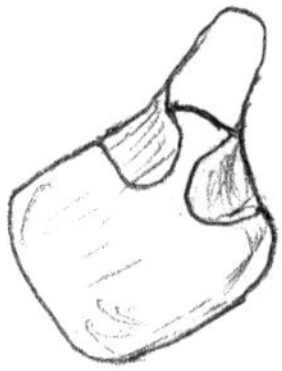

⑮寸尺の竹の定規 ―― 昭和初期から昭和四〇年代

温度・湿度による伸縮の少ない竹や鉄を素材にしている。目盛に使う長さの単位は分・寸・尺・丈の十進法による尺貫法が古くから用いられている。地方により、また時代により基準となる長さがまちまちであったため明治二六年（一八九三年）に度量衡法が施行され三三分の一メートルを一尺とした。

⑯ゴムの短靴

靴の中にシビ（藁）を入れると足は暖かい。

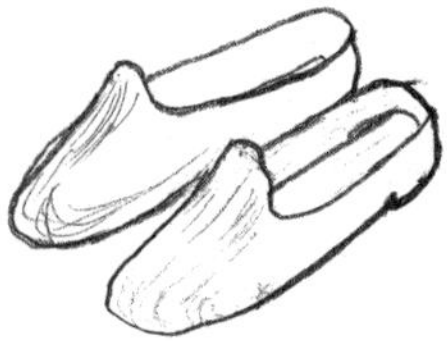

⑰ずきん

昭和四〇年代

⑱鉢巻き

頭の鉢に巻く布。現在でも運動会や祭の際に見かけるが、普段は滅多に見かけない。戦勝祈願の意味合いがあり、神の力が宿ると考えられている。

⑲裁ちばさみ

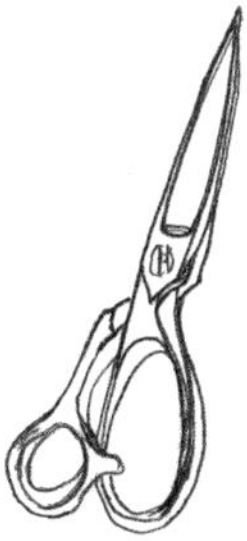

江戸期から現在

⑳裁縫台

昭和初期から現在

㉑襤褸《ぼろ》

使い古された布の切れ端。布が貴重であったため、襤褸もまた大切な素材として利用された。端切れを縫い合わせて着物に仕立てたり、蒲団を作ったり、傷んだ部分を縫う当て布に利用した。また細く裂いて仕事着や草履、負い紐に織り込んで利用した。

（二）食事関係

①めし椀、汁椀、壺椀、平椀

――江戸期から昭和四〇年代

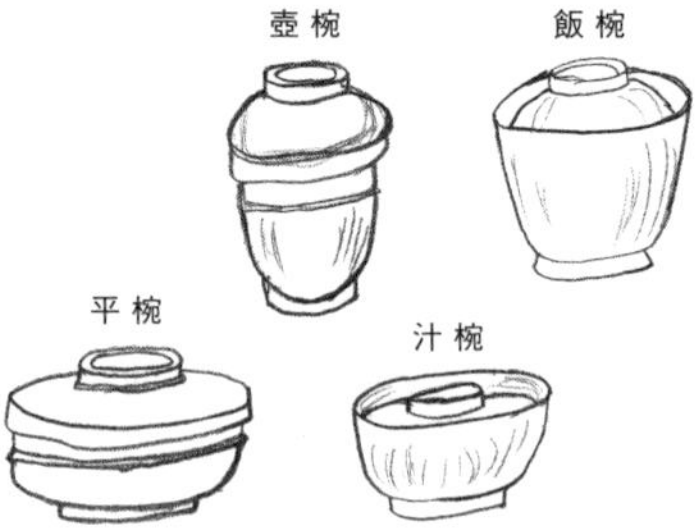

木製の椀はもともと木地屋が轆轤で引いた素材のものであった。椀の蓋や椀の底には絵巻物が描かれている。高価なものもあった。ハレの日に使われた。陶器製のものは汁椀として早くから使われていた。

②からうす

――江戸期から昭和四〇年代

臼には石臼と踏臼と唐臼が使われた。石臼は麦や豆類など堅い物を粉状にするために使われた。石臼は夏場にハッタイ粉や正月に使うきな粉作りなどに用いられた。踏臼はシーソーのように槌形の長い杵の柄の中央を支柱で支え柄の端を足で踏むもので精米用やお餅、おかきなどの餅作りに使われた。正月用のお餅となると六臼も七臼も作ったから家族全員で朝の三時頃から作り始めて昼頃までかかった。また唐臼は籾磨りに使われた。現在でも農家では籾から玄米にする行程を臼挽きと呼んでいる。

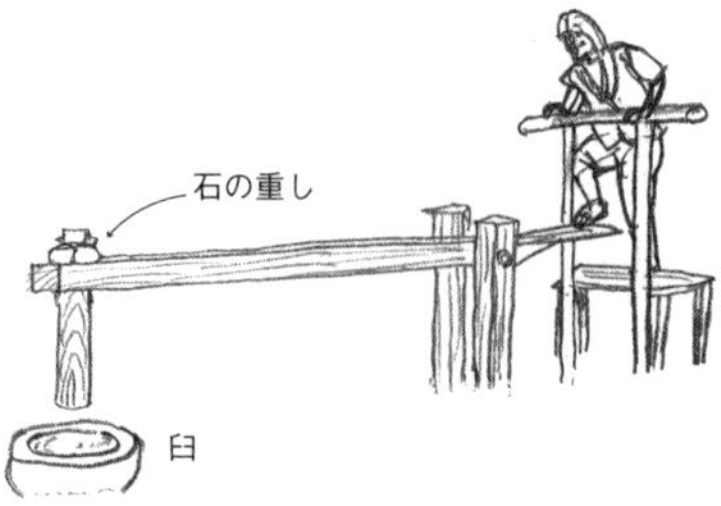

③とっくり

――江戸期から昭和四〇年代

酒を温めて猪口で少しずつ飲むためのもの。現在ではビール、ウイスキーなど酒類は豊富であるが、昭和三〇年代はまだまだ一般的ではなく、日本酒が主

流であった。

④鍋敷き・鍋掴み——江戸期から昭和四〇年代

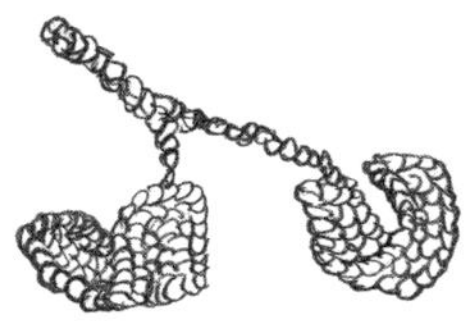

⑤釜敷き台——江戸期から昭和四〇年代

⑥お菓子箱——江戸期から昭和四〇年代

⑦一斗缶——昭和四〇年代

⑧飯合——昭和二〇年代から昭和四〇年代

⑨弁当箱——昭和四〇年代

⑩こく櫃——江戸期から昭和四〇年代

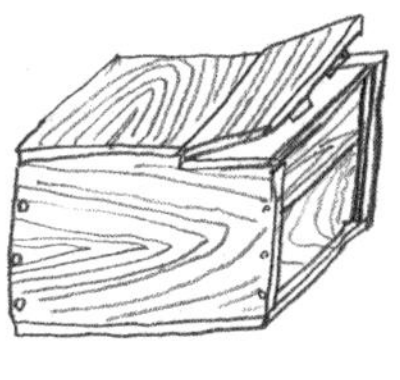

⑪片口《かたくち》——江戸期から昭和四〇年代

鉢や皿の一方の縁にだけ注ぎ口があり、液状や乳状のものを大きな容器

から小さな容器に移すためのもの。

⑫焙烙《ほうらく》

―――　江戸期から昭和四〇年代

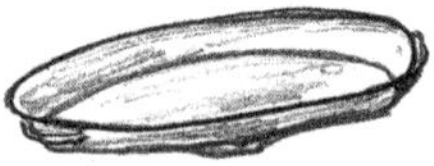

皿状の素焼き土器と鋳物がある。現在ではフライパンにとって代わられたが、かつてはどの家庭にも置かれていた。お茶やきりこを炒る時使われた。

⑬しゃくしさし

―――　江戸期から昭和三〇年代

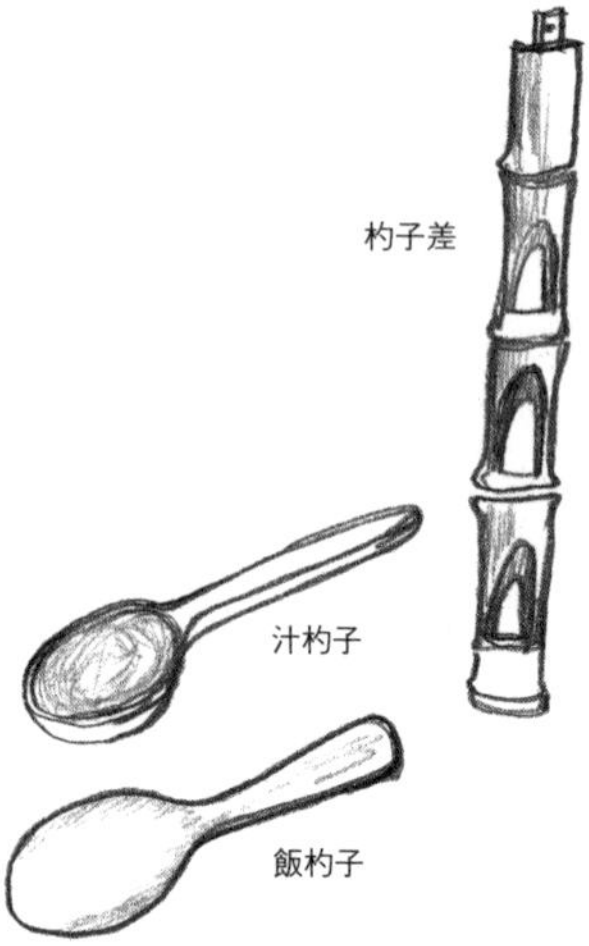

⑭すしがた

―――　江戸期から昭和四〇年代

押し寿司を固める道具で各家庭では、これでお寿司を作っていた。

⑮擂り子木

―――　江戸期から昭和四〇年代

胡麻などの粒状の素材を擂り潰す道具で香りの良い山椒の木が使われた。「胡麻を擂る」という言葉があるが、胡麻を擂ると擂り鉢の内側にあちこちについてしまうことから人について お世辞を言って自分の利益を図ることを言った。

⑯手塩皿　――――　江戸期から昭和五〇年代

小皿を指して手塩皿あるいはオテショというのは主に西日本で聞かれる。これはかつては手に少量の塩を載せてそれを舐めながら飯を食べたり副菜の味付けにしていたりしていた名残である。

⑰古い形式の魔法瓶・ポット　――――　昭和五〇年代

⑱小麦粉を練った団子を入れた粥　――――　江戸期から昭和四〇年代

粥だけでは物足りないため粥に小麦粉を練った団子を入れた。

⑲いもあらい　――――　江戸期から現在

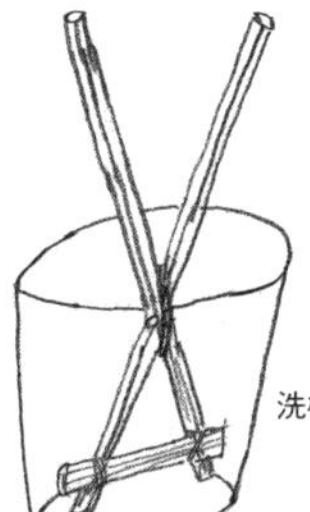

洗桶

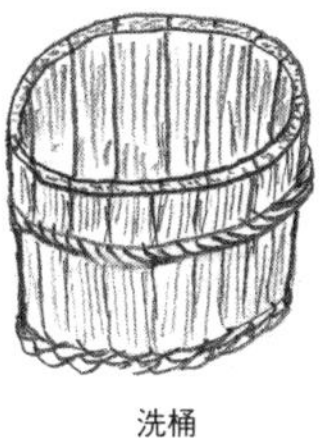

洗桶

⑳菰樽《こもだる》　――――　江戸期から現在

菰で包んだ酒樽。祭礼や祝宴の席で飲む祝い用の酒樽を特に丁寧に飾った菰で包んである。四斗樽が多い。

㉑酒樽《さかだる》　――――　江戸期から現在

主に清酒を運搬する杉製の容器で四斗樽が多い。液体を運搬する容器としては、古くから壺や曲げ物、桶があったが、杉は香りが良いため特に清酒を運ぶ専

用にした。酒樽が出来たため関西では酒製造業が盛んになり、江戸方面に舟で運んだ。この船を樽廻船といった。江戸に運ばれた樽は用が済むと味噌樽、醤油樽、漬物樽に利用された。

（三）住居関係

①銅壺——昭和二〇年代

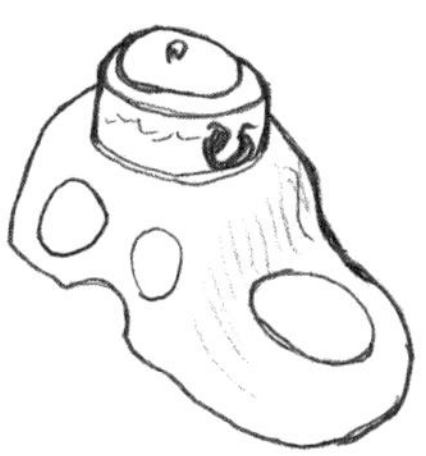

銅や鋳鉄で作った湯沸かし器。長火鉢の灰に埋め込み炭火の余熱で湯を沸かした。

②初期のテレビ——昭和四〇年代

白黒の一四インチで箱型のテレビ。

③焼印——江戸期から昭和三〇年代

火で熱し木製の道具や木箱に焼き付けて家紋や屋号の印をつけた。下駄の裏や農具の柄に付けていた。

④銅の十能——江戸期から昭和三〇年代

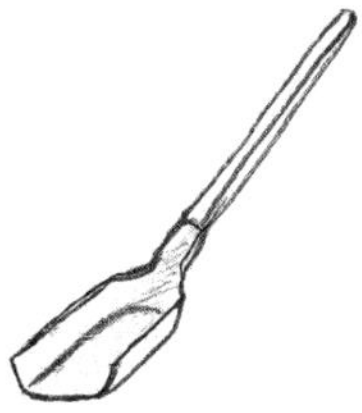

鉄製・ブリキ製の塵取りで、竈、囲炉裏の灰や炭火を取り出す道具である。

⑥番傘——江戸期から昭和三〇年代

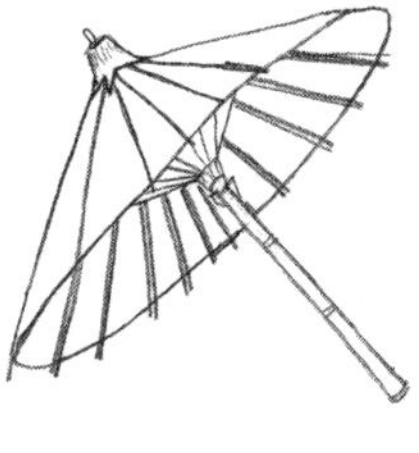

和傘には雨傘と日傘がある。雨傘は紙に油や柿渋を張って防水にした。

⑦母の鏡台 ―― 昭和二〇年代から昭和三〇年代

⑧金庫の付いた明治時代の箪笥 ―― 江戸期から昭和五〇年代

箪笥・長持ちは共に現在でも嫁入り道具の一つである。衣装箪笥・薬箪笥があった。

⑨かま（かまど） ―― 江戸期から昭和四〇年代

西日本では土間に据え付けられた竈で、焚き口をいくつも備えた円陣クドが見られた。北陸や中部山岳地帯では囲炉裏が見られた。竈は家の象徴とされ、新しい家庭を持つことを「竈を持つ」、家を栄えさすことを「竈を起こす」、家を滅ぼすことを「竈を破る」、分家することを「竈を分ける」といった。竈神や三宝荒神を祀った。

⑩木製塵取り ―― 江戸期から平成初期

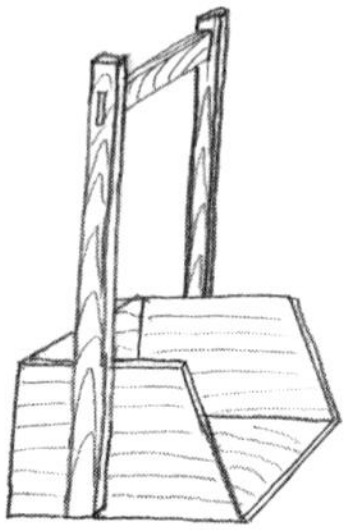

⑪足あぶり火鉢 ―― 江戸期から昭和四〇年代

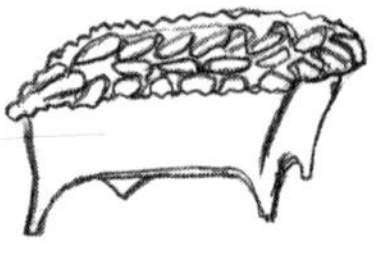

⑫とうきびの箒 ―― 江戸期から昭和四〇年代

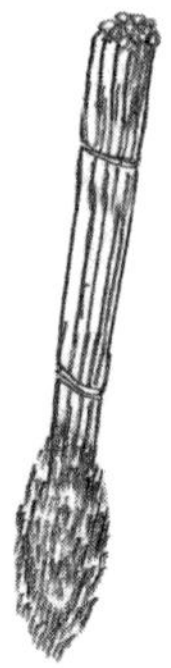

箒には座敷用、ニワ用、カド用、など使い

分けをしていた。座敷用にはとうきび材や稲穂の草が使われた。カド（土間）用にはしゅろ材、竹材の箒を使った。また、とうきびの箒は竈や棚の隙間の埃を払うときに便利であった。

⑬おとめ（お松明のことか）油　――　江戸期から昭和三〇年代

室内照明の始まりは魚油などの動物性の油を燃料にしていた。それを皿型の土器に入れて火をともして床に置いた。やがて蝋燭が使われるようになったが、江戸時代までは蝋燭は一般の庶民には贅沢で、特別な場合を除いては灯芯におとめ油を浸して火をともしていた。母の話によると、近くの油屋からおとめ油を手に入れるために、普段から鶏の卵を貯めて置き、五、六個貯まれば油屋まで行き、卵とおとめ油を交換していた、と言う。おとめは電気の照明が出始めてからも便利で、夜間の停電など突然の出来事は頻繁にあったので日常の備品として必要であった。昭和三〇年代には電燈は普及していたが、各家庭には一つが一般的であった。

⑭竹の書類刺し　――　江戸期から昭和五〇年代

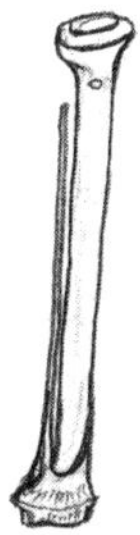

メモや伝票類の留め置きに便利であった。

⑮国旗　――　昭和四〇年代

⑯もみがら（スンヌカ）を入れた枕　――　昭和六〇年代

寝具のまくらには籾殻を入れた。通気性がよく心地よかった。

⑰雨戸 ――― 江戸期から昭和四〇年代

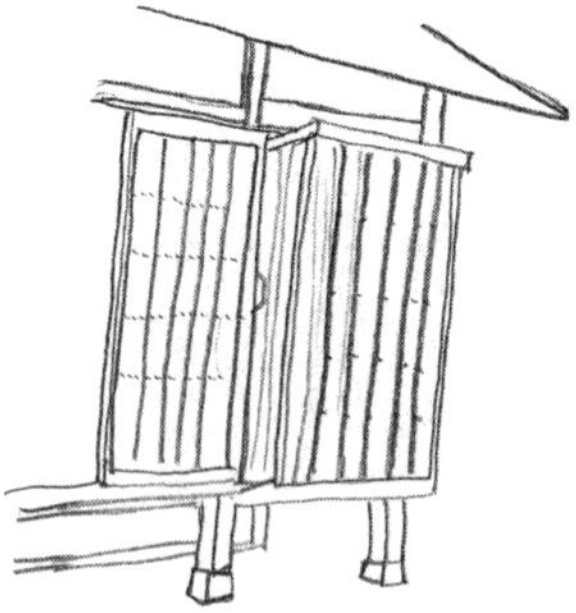

家屋の縁側や窓の外側に設け明障子とガラス戸と二重に用いて風雨の防御、夜間の戸締まりとする板戸。最近の新建材の民家では見られない。

⑱藁ぼうき ――― 江戸期から昭和四〇年代

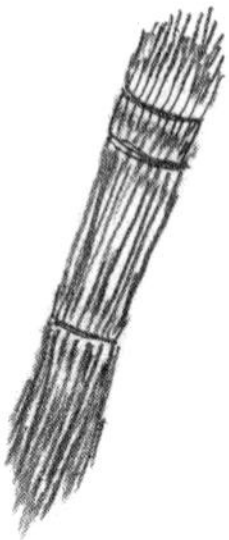

⑲てるてるぼうず ――― 江戸期から昭和四〇年代

芯に布をまるめて括り、人の目、鼻、口を描いた手製の玩具。長雨の時、空が晴れるよう願った呪術。民家の軒先で吊るされていたが最近は見ない。

⑳ホームコタツ ――― 昭和四〇年代から平成二三年

炬燵は火鉢とともに冬期の暖房器具として使われた。炬燵が一般家庭で使われるようになったのは木綿の蒲団が庶民の寝具として普及した江戸時代の中期と言われている。初めは掘り炬燵式のものであったが、土火鉢を中に入れた移動可能な置き炬燵が出始めた。掘り炬燵の元は囲炉裏の火を小さくして簀の子状の台を置き、足を載せて着物を被せて暖をとるものであった。やがて上に天板を載せて食卓代わりに使われた。ホームコタツはその現代版である。ホームコタツの出現で、囲炉裏の時には明確に決まっていた家族の座り位置は次第に崩れていった。

㉑行火《あんか》

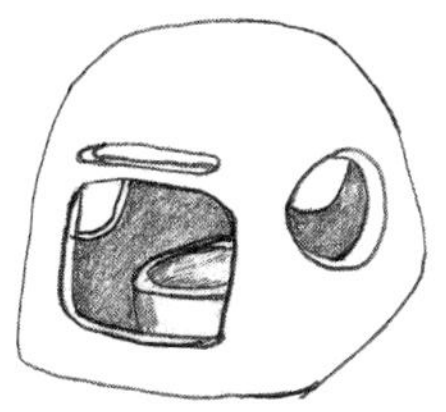

江戸時代から昭和四〇年代

手足を温める移動式の暖房具。瓦製の火入れに炭火を入れて、上に蒲団を被せて手足を温める。蒲鉾型や方形の一面が空いていて、そこから火入れの出し入れをする。また、熱を外に広げるため側面には円形や楕円形の窓が付いている。江戸時代に広がった炬燵は木枠の中に行火を入れたものであったので混同されるが、元々は別のものである。

㉒火鉢・五徳・火ばし

江戸期から現在

現在は温風ヒータやセントラルヒーティングシステムにより家屋内全体を暖房することができるが、それ以前はストーブが使われ、さらにそれ以前には火鉢が使われた。火鉢は炭火を使うため囲炉裏と違って煙が出ないので座敷向きであった。しかし、部屋全体を暖める火力はなく精々手足を温める程度であった。用途により足焙り、手焙りなどの小型火鉢、主人用の長火鉢、火打ち道具や煙草小物を入れる引き出し付きの箱火鉢など改良が施された。

㉓足踏台

江戸期から現在

鴨居の神棚に手を伸ばす時など便利であった。

㉔明治時代の水屋

江戸期から現在

土間の板の間の隅に置かれた。板の間が家の中心的な場所であり、家具として重宝された。高級なものには漆を塗ったり蒔絵が描かれた。

㉕はしご

江戸期から現在

高い所に立てかけ昇り降りするのに用いた道具。用途に応じて一本梯子、百足梯子、竹梯子、長梯子がある。長梯子では縦木二本に踏桟を渡してあるのが一般的である。この踏桟の段数も縁起が言われ、奇数に組むと言う。ツシ（屋上）が高い農家では一一段が用いられた。

㉖盥

江戸期から現在

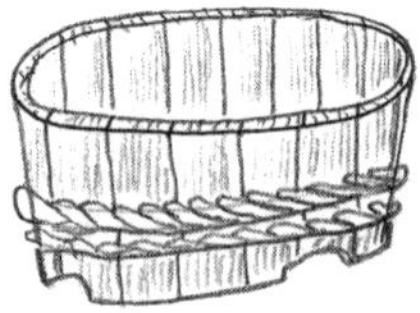

元は手洗いであったが変じて「たらい」となった。

㉗銅製洗面器

平成初期から現在

㉘神棚用の銚子

江戸期から現在

㉙花器

昭和三〇年代

花を生ける器の総称。花は霊力の宿るものと意識され神祭や諸儀礼のとき手向けられた。室町時代になると花は鑑賞の対象とされ華

道が普及してきた。また茶道の際は、求める理想的境地である侘・寂を表現するため小型で素朴なものが使われた。

㉚リンゴ箱・みかん箱

リンゴやミカンを出荷するときに使う運搬用の箱。最近は段ボール箱が用いられるが、昭和四〇年代までは木製の木箱であった。また、桃の木箱も見られた。これらの木箱に果物を入れるが、保護材として削り木クズが使われた。最近はスポンジなどの保護材が使われている。これらの内、リンゴ箱は一人住まいの学生が部屋で勉強机として使用している光景が見られた。

㉛箒 ——— 現在

箒は物を掃き出すと同時にかき集めるものである。特に棕櫚箒は穂先が細く細かな塵が掃けるので上等品とされた。箒は上下を逆様にすると神の霊が宿る依代とされた松・杉・檜や笹竹と同形になる。そうしたことから神の霊が宿る神聖なものと考えられた。囲炉裏や竈の周りで使う小箒が荒神箒として特別扱いされた。能の「高砂」で尉と姥が手にする熊手と箒も神の依代とされた。また、山の神の祭で箒を立てたり、箒を跨ぐと罰が当たる、逆さに立てると長居の客が帰ると言った信仰があるのもこのためである。安産を祈り箒で産婦の腹をなでる、出産のとき産屋の隅に立てる風習も各地で見られた。

㉜マッチ・燐寸　――　江戸末期から現在

初めは黄リンを塗ったものであったことから燐寸の字を当てた。これは自然発火の危険があり、また有毒であったので木軸と摩擦面を持つ箱を別にして安全マッチとした。江戸時代末に輸入され、当初は高級品であったが、明治以降、廉価に大量生産されるようになると一般に普及した。それまでは、火打ち道具で手間と時間を掛けて火を起こしていたが、これにより瞬時に火をおこせるようになった。

㉝筵　――　室町から現在

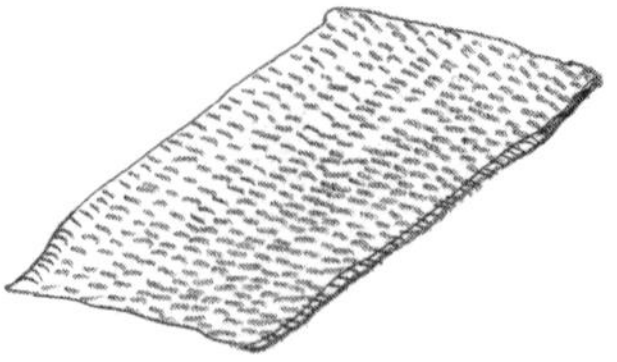

今日では藁で編んだものをさすが、古くはスゲ、イグサ、茅、竹などで編んだ敷物全般をいった。農家の土間や板の間に敷かれた。古くは民家の入口や寝室の間仕切りにも使われた。

㉞縞帳《しまちょう》　――　昭和三〇年代

縞柄の織物の端ぎれをいくつも張った帳面。次に自分が機織りするときの参考にできる。

㉟鋏《はさみ》　――　室町時代から現在

鋏は一対の刃で物を挟み切る刃物の総称。鋏にはタイプが二つある。一つは中央をU字型に曲げて左右の刃を向かい合わせにしたもので、このタイプは和鋏である。もう一つは、同形の二本の刃先をX状に交差させたタイプで交差点をピンやボルトで接合した鋏でシナ鋏、洋鋏と呼ばれた。中国や西洋で使われていた。洋鋏には花鋏、果樹の剪定に使う剪定鋏がある。和鋏は毛髪切りや糸切り、布や紙切りに使われるものである。布を裁つ場合は、裁包丁を使うこともあったが、和鋏で端に切り込みを入れ、後は手で引き裂いていた。しかし、明治期に洋服が出始めると、曲線を切る必要がある場合には不向きであった。そこで、改良されたのが明治時代に使われるようになった裁鋏である。

㊱ 裁鋏《たちばさみ》 ―― 明治期から現在

裁鋏は、布を曲線にも裁つことができる洋鋏の形式を取り入れたタイプの鋏で、左右の歯を交差させてX状に組み、交差の中心をピンやボルトで組んだものである。また、一方の握りを大きくして和洋タイプに改良した。

㊲ 砧《きぬた》 ―― 江戸期から昭和四〇年

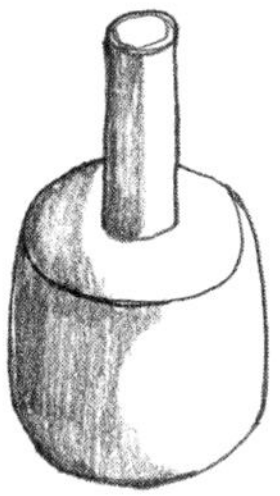

織り上げた布を柔らかくしたり光沢を出すための道具。布を畳んで古布に包み、木のだいや石の上に置いて砧で叩いた。

㊳ 菰編台《こもあみだい》 ―― 昭和三〇年年代

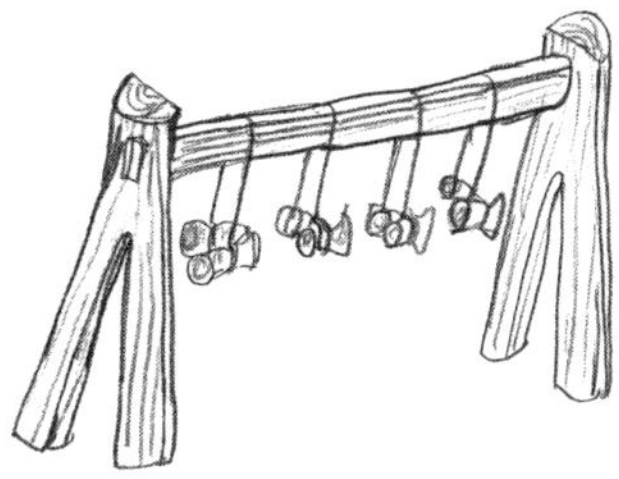

菰や筵を編む道具。

㊴紙縒《こより》

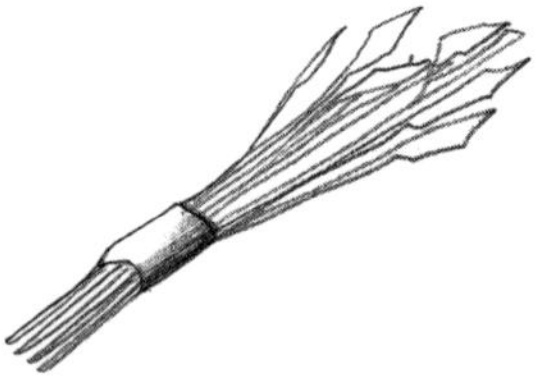

江戸期から昭和二〇年代

細く裂いた和紙に縒をかけて紐状にしたもの。さまざまな紙工芸が出来た。

（四）医療関係

①置き薬と紙風船 ———— 昭和三〇年代

高取町や吉野方面から売薬業者が定期的に回って来ては減った分の薬を補充していた。彼らは大風呂敷に柳行李を包んで自転車の荷台に乗せていたり、また背負って歩いて行商していた。柳行李は五段になっていて、一番近い上の段には帳面、矢立て、算盤、硯箱、弁当などが詰められていた。二段目には得意先への土産物、これには子供用の玩具として紙風船などが詰められた。三段目には回収した服用残り古薬、四段、五段には新配置の薬が詰められた。私が中学生のころまでは二つの業者が交代に回って来ていたことを覚えている。この時、子供には遊び玩具として必ずと言ってよい程、紙風船をくれた。私は売薬の人が来ると薬よりも紙風船を貰うことばかり気にしていた。売薬業者は自転車の荷物台に柳行李を風呂敷包で持ってきていた。しかし、何時の間にか来なくなっていた。置き薬箱はそのまま箪笥の上に置かれたままになっていた。

②家庭看護 ———— 江戸期から昭和四〇年代

昭和四〇年代までは一般的に病人の看護は各家庭で行なわれていた。大概の病は神仏への祈祷や屋敷のお祓いで済ませていた。これがまた不思議にも病は治った。医院に通うことは滅多になかった。神仏への祈祷や屋敷のお祓いで自己の治癒力を増強していたのである。近年は薬物を多用しすぎて本来の体内の治癒力が低下しているのではないか。

（五）交易関係

①父が持参したトランク　――　昭和三〇年代

大正時代に百貨店で売られるようになった携行用の革製大型鞄。堅牢さと洋装化という時代の風潮もあって流行した。トランクが普及しだすと、それまで使われていた行李は改造されて傷みやすい角には革を貼ったり提手をつけた改良品も出だした。

②鞄《かばん》　――　明治中期から現在

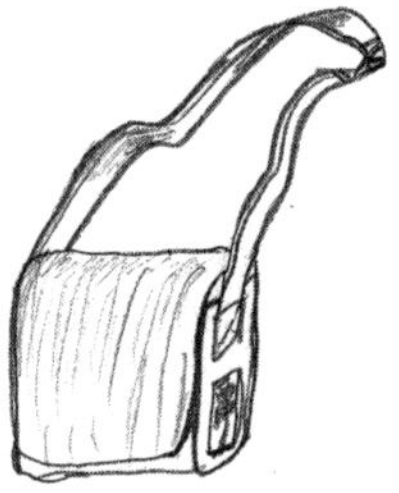

書類や帳面、本や文具を入れて運ぶもの。明治初期まであった寺子屋や寺院で手習いする場合には書物を風呂敷に包んで持ち運んでいたが、明治中頃、かばんが出現した。布製・革製があり、長い帯紐をつけて肩から提げる肩かけ布製のものは、明治期から普及し昭和三〇年代まで、児童・生徒に使われた。また革製のものは勤め人に使われた。近年は牛革以外の高級皮革で作られ留め金や鍵付きの高級鞄が出回っている。

③橇《そり》　――　江戸期から昭和四〇年代

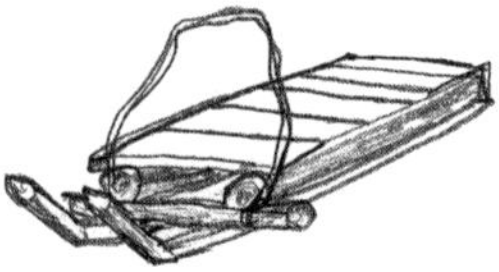

荷物や人を乗せて雪・土・氷上を曳いて運ぶための運搬具。人力で曳くものと牛馬で曳くものがある。人力で曳く橇は子供が雪上で滑らせて遊ぶ道具とされた。近年は手作りの橇で遊ぶ姿は見られない。雪橇は特に東北地方で馬が曳く橇が見られた。

④大八車《だいはちくるま》

江戸初期から戦後

人力で曳く大形の荷車。八人分の仕事をすることから代八車とも書かれた。大正時代には、馬車や牛車の使用とともに、トラックの出現から次第に姿が見られなくなったが戦後も各地で使われていた。

⑤リヤカー

大正期から現在

自転車の後部荷台に連結して荷物の運搬に用いる二輪の荷車。当初は都市部で普及していたが、各地の農山漁村にも広がった。現在では自動車や簡単な荷車が普及しており使用は少ないが、近距離の荷物運搬には依然と使われている。

⑥棹秤《さおばかり》

江戸期から昭和三〇年代

重量を計る目盛を付けた竿。竿に付けた取っ手の紐を支点に、一方の皿の上に荷物を乗せ、他方に錘の分銅を吊るして竿が水平になるように目盛の位置に分銅を移動させる。

⑦通帳《かよいちょう》

江戸期から昭和四〇年代

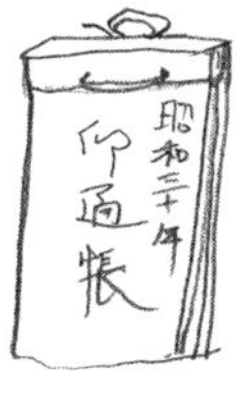

掛けで買い物をする時に月日・商品名・金額を記入する帳面。後日支払う際の覚えとした。客はこれを持って店に行き、買うたびごとに記入してもらっていた。支払いは年に二回、盆と暮れであった。関西ではこれを節期と言った。

⑧大《だい》福《ふく》帳《ちょう》　――　江戸期から昭和四〇年代

商家で使われていた帳簿の一つで、顧客ごとに売掛・買掛・金銀出納の状況が記入されていた。主人か番頭しか見ることができなかった。毎年正月一一日に新調し、縁起をかついで大福帳と記した。なお、テレビの時代劇に小判がよく出てくるが、これについて少し触れると、江戸時代には通貨として、江戸（関東地方）では主に金（大判・小判）、大坂（関西地方）では主に銀（丁銀・豆板銀）、庶民では主に銭（銅・鉄）の三種類が価値変動しながら流通していた。ここで重要な役割が両替商であった。両替商としては、伊勢屋・近江屋・越後屋などで、主に出身国の名を名乗った。

⑨江戸期の布財布の中にあった紐に通された寛永通宝の古銭　約一〇センチ

⑩のし（正式なもの）　――　昭和二〇年代から昭和四〇年代

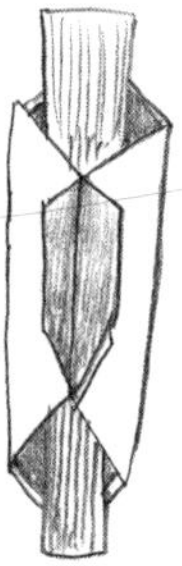

熨《の》斗《し》鮑《あわび》の略。鮑の肉を薄く切り伸ばして乾かしたもの。本来は保存食であり、高級な食品であった。このため祝儀の際の贈り物や添え物となった。正方形の色紙を縦長の六角形に折り、中に熨斗鮑を包み込んだものが使われた。近年は簡略化され、熨斗の代わりに黄色い色紙やプラスティックが使われている。熨斗は吉祥図柄のひとつとして祝儀・慶事に使われている。

第三節　生産道具類

（一）農具関係

①ひき臼（もみすり臼）——江戸期から昭和三〇年代

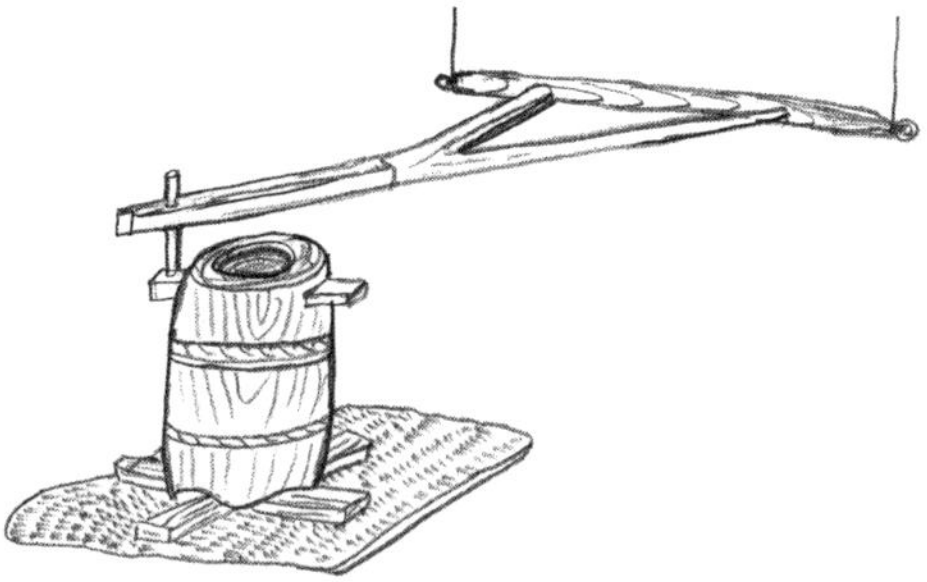

②荷車——昭和二〇年代から昭和三〇年代

重量物を載せて運ぶ車。人力で運ぶ車をさす。大正時代にゴムタイヤをつけたリヤカーが出現すると次第に荷車が主役となっていったが、その後、昭和三〇年代に自動車が普及し始めると徐々に姿を消していった。自動車に関して言えば、宇陀地域では自動車の普及は遅く、昭和四〇年代になっても希であった。家庭で自動車を持つ家は希であった。一般公道で外車を目撃したのは昭和五〇年代になってからであった。現在では個人が自動車を持ち、しかも二台持っても可笑しくない時代である。

③手甲

江戸期から昭和四〇年代

手の甲と手首を保護するために覆う布。主に女性が野良仕事など屋外で仕事をする際、傷や汚れ、日焼け防止に役立った。

④たうちくるま

江戸期から昭和三〇年代

水田の中耕・除草機。近年の水田の除草には除草剤が使われるが、それまでは木製のたうちくるまが使われた。現在でも金属製のものが使われている。

⑤藁すぐり

江戸期から昭和五〇年代

縄や草履・草鞋などの藁細工に用いる稲藁の枝葉を取り除く道具。手作りのものが多い。

⑥藁たたき

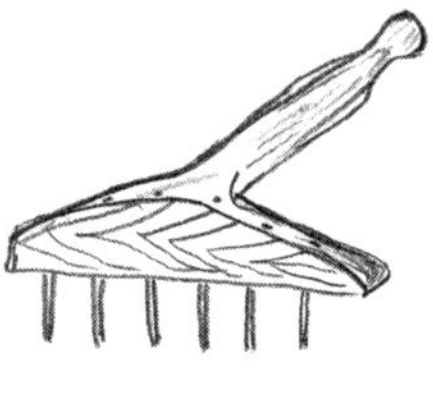

江戸期から昭和三〇年代

⑦斗《と》桶《おけ》

江戸期から平成初期

主に米などの穀類を計量する一斗（一八リットル）用の円筒の枡。

⑧斗《と》掻《かき》

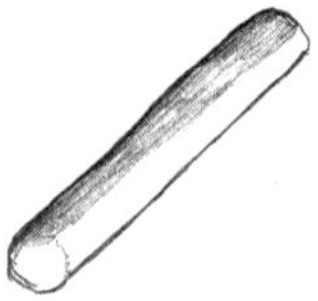

江戸期から平成初期

米や豆などの穀類を枡で測る時、多めに盛って枡の縁の高さに均して、余分なもり上がりを除く丸い棒。

⑨くんたん焼き（もみがら焼き）

江戸期から平成初期

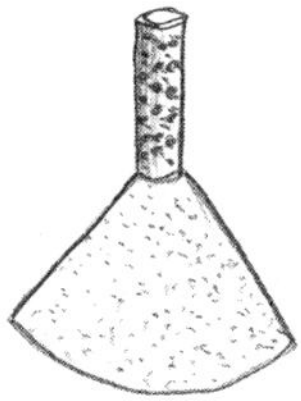

⑩鎌類

江戸期から現在

稲など穀物の刈り取りや草刈り、枝刈りなどさまざまに使われる鎌である。鎌は用途により、稲刈り、草刈りには小形の薄刃が、造林の下草刈り用には中厚刃が、枝を払ったり柴を刈る時には木刈り鎌や鉈鎌が使われる。鎌はまた台風除けとして屋根の上や高い竹竿の先に立てて風切り鎌としたり、男性の棺に鎌を入れるなど信仰、呪術の用具となった。なお女性の棺には挟みを入れた。

⑪籾あげ笊

江戸期から現在

竹や木を大小に割った籤《ひご》で編んだ籠の一種。用途に応じて種類は多い。呼称も地方で様々である。近畿地方では「イッカケ」と言った。近年ではプラスチック製や金属製が多く、竹などの自然素材を使ったものは麺類の盛り笊などごく限られたものになっている。

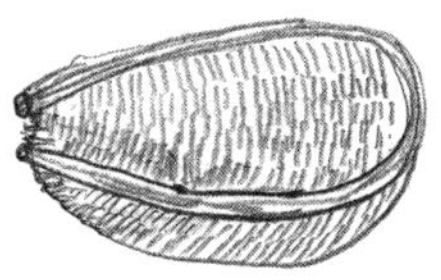

⑫塩籠

江戸時代から昭和四〇年代

現在では精製された塩が出回っているが昭和初期までは苦汁《にがり》を多く含んだ粗塩が出回っていた。そうした塩用の容器としては陶器製が使われていたが、苦汁を別に必要とする場合には塩籠が使われた。塩籠に粗塩を入れて下に滴る苦汁を取り保存していた。

⑬塩壺　――　江戸時代から昭和四〇年代

調理用の塩を入れておく陶器製の壺。なお、苦汁の多い粗塩を小形の素焼き壺に入れ、蒸し焼きにして苦汁をとる方法があるが、この塩を焼塩という。また、その壺を焼塩壺といった。

⑭からさお（唐竿）　――　江戸期から昭和三〇年代

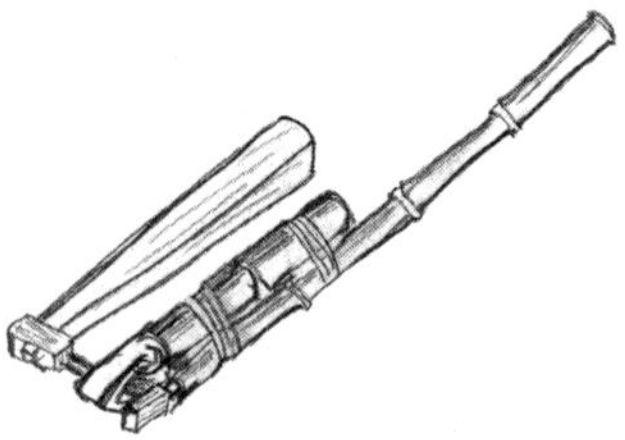

稲や麦などの穀類の脱粒、粟や豆類の脱粒に用いた脱穀用具。長い柄を手にして短い打ち棒を回転させて穀類などを打つ。

⑮俵　――　江戸期から昭和三〇年代

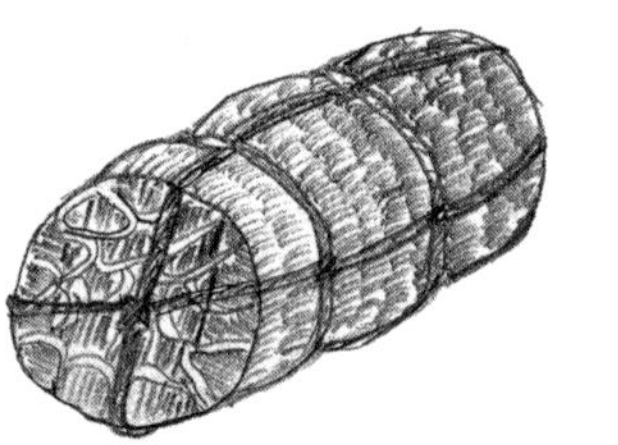

米・麦・芋などの農作物や木炭、海産物などを詰めて輸送したり保存するための容器。稲藁で編んだ菰を筒状に縫い合わせ、一方に桟俵を縫い付けて底にし、中に米などを入れて蓋をし、胴を縄で縛った。俵の容量は近世までは地域ごとに決められていたが、明治以降は全国的な規格が定着し、四斗俵と五斗俵が一般的となった。米を入れる俵は農家にとって象徴的なものとなり、これを担ぎ上げることができたら一人前の男とする、小正月の供え物として飾る、新築の家の梁に神札を入れて括りつけて家の護りとすることも行なわれた。その他にもさまざまな習俗が見られた。

⑯飼葉桶――江戸期から昭和三〇年代

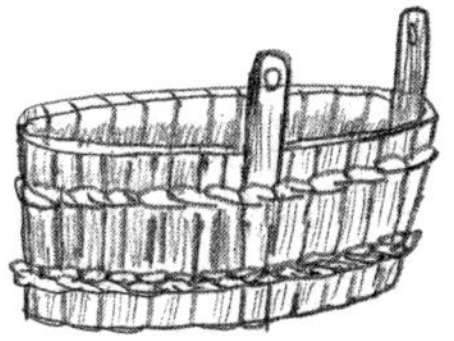

馬や牛の餌にする刻み藁や草、その他飼料を入れる容器。田で犂作業などを行なっている時などに餌を与える野外で使う容器。家中の土間の中にある牛部屋での餌を与える場合には大型の飼葉桶があった。

⑰鶏籠《とりかご》――江戸期から昭和三〇年代

庭で鶏を飼う籠。鶏を飼うことは古くから行なわれていた。古墳時代には既に野鳥から家禽化されていた痕跡がある。近世には鶏舎が作られたり、縁の下で飼われたりしていた。明治になって本格的な養鶏が始まり、次第に地鶏が飼育されていった。

⑱縄綯《なわない》機《き》――明治期から昭和三〇年代

明治期末に佐賀県で考案されたとされる。一方を足の指で挟み、両手で左右に開いたラッパ状の差し込み口に藁を入れて縄を綯う機械。もっぱら夜なべ仕事として行なわれていた。

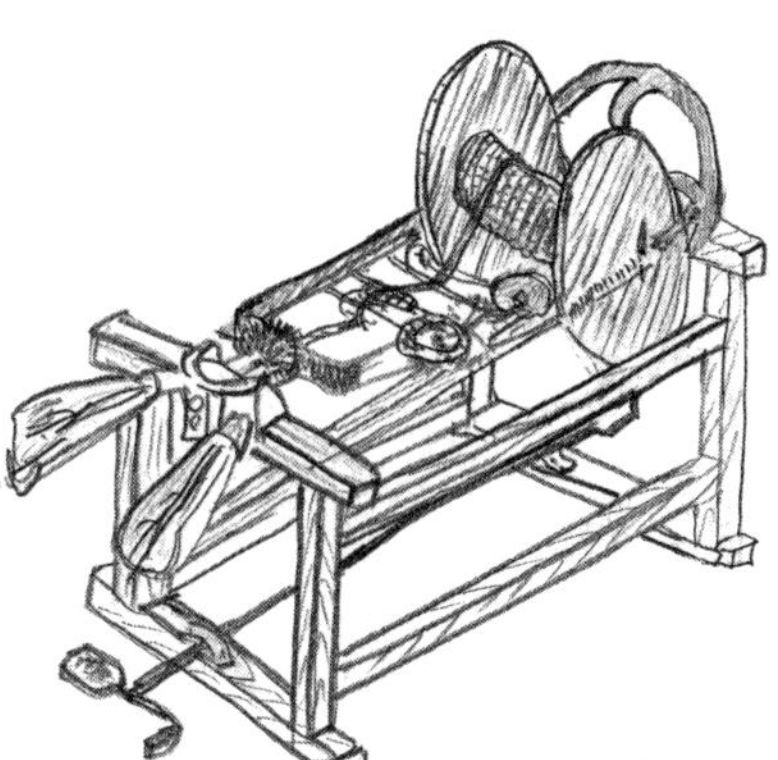

⑲筵機《むしろばた》――明治中期から昭和三〇年代

筵織り用の大形の道具。太い井桁状の枠木を基台に楔で止め、上下の枠木に、細縄を織物の縦糸に相当するように回す。間に筬《さお》木《ぎ》と呼ばれる

横に渡す木がついている。筬木の中央には握り棒があり、上下に動かせる構造である。また、サシと呼ばれる細長い竹材の端に一本の藁を折り曲げて付け、緯糸に相当する藁を細縄の間に差し入れて、筬木を上下することで筵の目が締まる。

⑳焼印《やきいん》 ―――― 明治期末から昭和四〇年代

住居関係の項目でも紹介したが、火で熱し、木製の道具や材木に印をつける道具。印には家号、家印また所有者の名前を焼き付けた。農具としては牛馬の臀部に生産者名を焼き付けることもあった。

㉑草鞋《わらじ》作《つく》り台《だい》 ―――― 江戸期から昭和三〇年代

草鞋や草履を編むのに用いる。薄板の先に心縄を掛ける棒が二本から三本、やや後ろ向きに角度をつけて斜めに立てた道具で、自家製が多い。

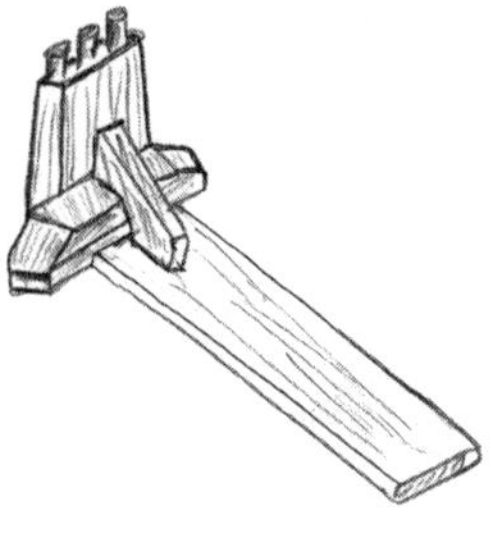

㉒耕運機・トラクターの普及

昭和三〇年代後半になって、次第に耕運機トラクターなどの大形農機具が普及し始めたが、当初は高価なため個人で持つ人は限られていた。地域で共同で購入して、共同で使用していたが、昭和四〇年代中期には次第に個人で購入するようになった。

(二) 山林関係

①ツナヌキ ―― 江戸期から昭和三〇年代

猪などの皮革で作られた短靴。冬期の雪道に滑り止めとなることから使われた。猪の皮革は堅く靴に適していた。

②鉈類 ―― 江戸期から現在

③大鋸《おが》 ―― 江戸期から昭和四〇年代

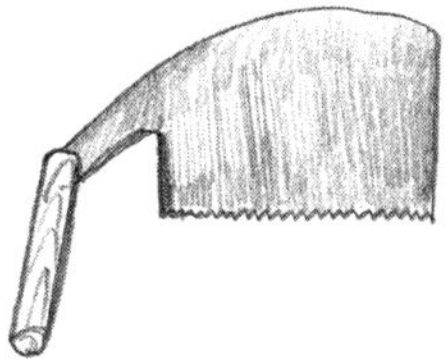

木材を板に挽くのに使う大型の縦挽き鋸。鋸は元々、木を横に挽く道具であったが、おがは縦に挽く鋸である。江戸時代には板状の大きな鋸身に歯を刻んだものであった。大きなものでは5キロを超す鋸がある。機械製材が行なわれると、おがを使う職人もいなくなった。なお、鋸を挽いた時に出る木クズをおが屑というのはここからきている。

④手斧《ちょうな》 ―― 江戸時代から現在

先方が内側に大きく湾曲し、柄の先に鉄刃を装着した木工具。鉋は室町中期に出現したとされている。それまでは、槍の先に鉄刃をつけた槍鉋とともに手斧が主に使われていた。古い民家の柱や板を見ると手斧で削った跡が見られる。

⑤柴橇《しばぞり》――――縄文から現在

根元の曲がった柴を数本束ね、藤などで束ね括り、柴の枝部に物を載せて地を滑らせて曳いて運搬する。山林で手作りしたものが多く、その場限りの使用が多い。

(三)狩・漁具関係

①なまずしかけ――――江戸期から昭和四〇年代

ナマズを漁るため夜間に川岸に仕掛ける糸と釣り針。ナマズは夜間に川面に出てくるためドジョウなどの餌を付けた針を川に浸けておく。糸の端は、川岸に刺した杭に括りつけて置く。すると翌早朝にナマズが掛っている。

②かすみ網　昭和四〇年代

小鳥を捕獲するための仕掛け網。メジロ、ホオジロ、ヤマガラなどの和鳥を追い込んで捕獲する網で、河原や竹藪で両側に高さ一間半（約二・七メートル）の篠竹を立てて網を垂直に張る。その下に囮の小鳥を入れた囮籠を置く場合もある。現在では規制があり、かすみ網を使った和鳥の捕獲は禁止されている。川での魚獲りと同様、子供の遊びの一つでもあった。

③投網《とあみ》　昭和四〇年代

魚のいそうな所に当たりをつけ、そこに投げ打って上から覆い被せるようにして捕獲する網。網が円形に成るように投げるのがコツで、円形にならないと魚を覆い被せられない。河川、湖沼、浅瀬での漁に適している。

④籠おとし　昭和四〇年代

かすみ網と同様の小鳥を捕獲する籠。地面に籠を伏せ、片方を竹で支えて、下には粟などの餌をまいて小鳥を呼び寄せる。籠の端を竹で支えて地面との隙間をつくり、小鳥が竹の支えを落として籠が小鳥を塞ぐ仕掛けになっている。

⑤つりざお（手製）　昭和四〇年代

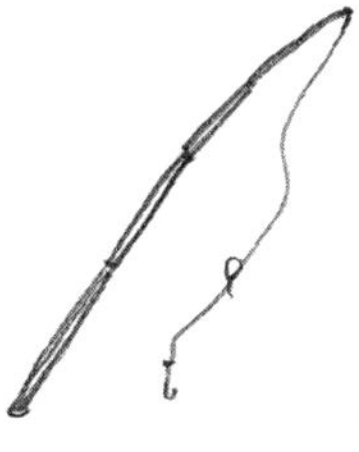

篠竹の先に釣り糸を括り、糸に釣り針と浮き、重りをつける。当時は手製の釣り竿で十分足りていた。

第四節　設備

（一）鶏舎

――明治期から昭和三〇年代

各家庭では、家畜として牛以外に鶏を飼っていた。多くは敷地内に放し飼いされていたが、キツネ、野犬などに襲われるため、鶏舎で飼った。鶏舎は手作りの自作が多かった。鶏が玉子を産めば、取り出せるように床は竹の簾の子状にし、傾斜をつけて、玉子が転がって鶏舎の外へ転がる仕組みになっている。

（二）二層式便所

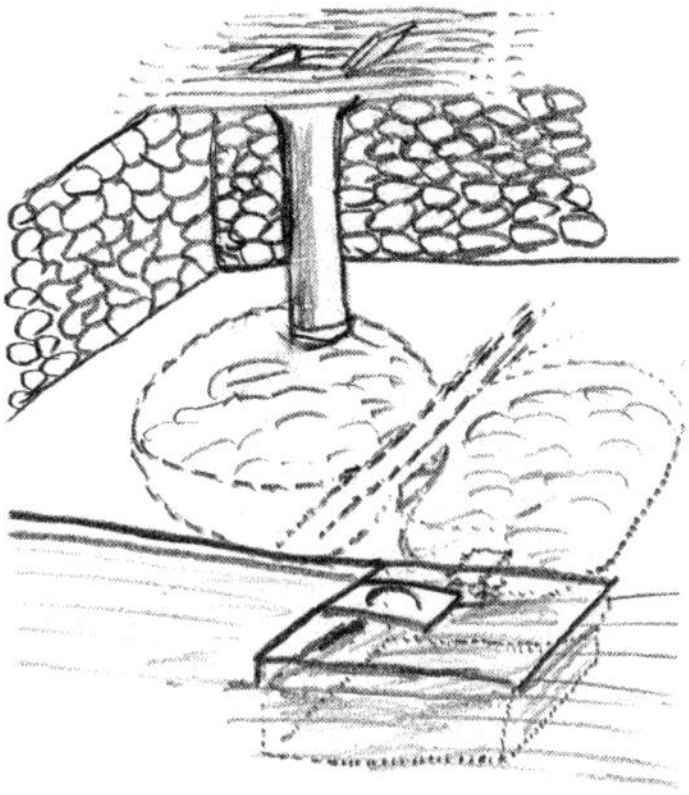

――昭和三〇年代から昭和六〇年代

昭和四〇年代には便所は落とし便所だけで衛生的には良いものではなかった。悪臭とハエなどに悩まされた。多くの家庭では落とし式の便所が一般であった。そんな中で、二層式便所は衛生的で環境にも良いものであった。第一層が満杯になると、第二層へ移され、ここで腐らせることで良い肥料になった。陽が差しこまないのでハエもわかず、見た目にも良かった。ただ、この二層式便所を持つ家庭は限られていた。

第五節　信仰・呪術

①門松《かどまつ》　江戸期から昭和四〇年代

正月に門口に立てる松。神が降臨する依代で、かつては入口の前の門に大きな松を立て、根元に砂を円錐形に盛った。栗野家では、一対の松の間に、入口への道筋として砂の道をいれた。今日のように表の入口の柱に一対取りつけるのは新しい都会風である。

②人形《ひとがた》　江戸期から現在

人間の身代わりとして紙の人形をつくり、息を吹きかけて人の病む部分に擦り込む。この人形を丸めて、大川に流すことで病む部分は治るとされた。栗野家では、現在でも身体で病む部分があると人形に息を吹きかけて、痛む部分に擦り付けて大川に流している。数時間後には痛みは緩和されているから不思議である。

③神棚《かみだな》　江戸期から現在

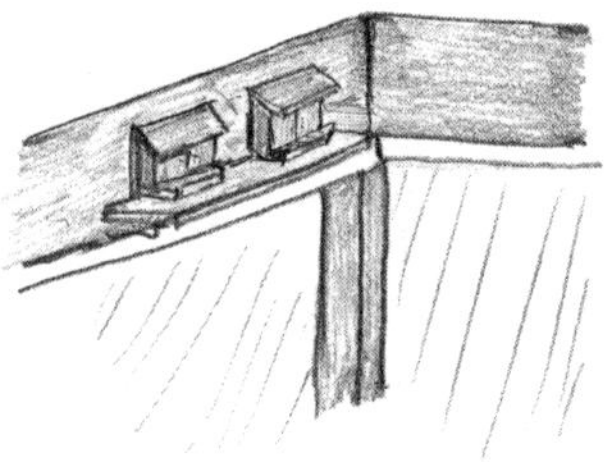

各家の屋内に設けられ神祇の分霊を祀る棚。座敷や出居に設けられるハレ（表面にあたるところ）の場に当たるのと、囲炉裏端や台所のケ（裏面にあたるところ）に当たる所のものがある。元々、神は常駐するのではなく、祭の際に降臨する考えであった。この依代に当たるのが松・杉などである。仏教がひろがり、仏壇が設けられることで、神との分立が行

なわれ、神棚が設けられた。

④仮面《かめん》――――原始から現在

宗教的儀礼における仮装のため、人間あるいは動物などの顔を模倣したもの。木製・土製・紙製・布製などなどさまざまである。能楽・神楽・鬼・天狗・お多福・ひょっとこ・など多種ある。いずれも、それを付けることで変身し、諸神諸仏になりきると意識された。子供用には時代を反映したヒーローの面が玩具となった。

⑤勧請縄《かんじょなわ》――――江戸期から現在

異界から悪霊が入ってこないように村の出入口に張る大綱。多くは、道路が村に入る地点の両側の大木に、道路を跨いで掛ける。綱には農具のひな形を吊すこともある。奈良県内でも少ないながら今日でも見られる。

⑥庚申塔《こうしんとう》――――室町から現在

庚申供養のために建造された供養塔。庚申とは干支の一つで、暦法の十干の庚と十二支の申のあわさる年に盛大に供養を行なう。庚申は青面金剛と観念され、その像を刻むこともある。庚申は悪霊を払う道祖神とされ、村の道端に自然石を利用して祀られた。また、農村地帯には、庚申講がある。ここでは「庚申さん」といわれ、百姓の神さんとして年六回、庚申の前日の夕刻からヤドに集まって勤行を行なったあと、精進料理で飲食を共にした。ヤドは講中順番に勤める。このヤドを借りて講中順番を勤める信仰も最近は次第に見られなくなってきている。

⑦伊勢講《いせこう》

伊勢神宮を信仰する人でつくる講。もとは参宮のための費用を賄うための組織。掛銭・掛米の代わりに伊勢講田をつくり、その収益で費用を賄う所もある。いせこうも庚申さんと同様に農業神である伊勢神宮を信仰するもので、ヤドに集まり勤行を行なったあと、精進料理で飲食を共にした。いせこうも最近は次第に見られなくなってきている。各戸は殆ど庚申講と伊勢講に参加していたから、毎月のようにヤドの順番が回ってきていた。ヤドに当たった家では、朝から精進料理の準備に大忙しであった。栗野家では、昭和四〇年代前半までは、個別の高膳を用いたが、昭和四〇年代中期には長膳が使われるようになった。また、参加者が多いため、多くの食器が必要になるため、これらは、村共同の器材や食器を使用した。

⑧五月幟《ごがつのぼり》　――――　江戸期から現在

五月節句に門に立てる幟。五月は田植え月でもあるので、穀霊を増殖する田植え神事として、司祭者である女性が、祓の植物であるショウブを軒に挿し、ショウブで鉢巻きをして菖蒲湯に入って潔斎する「女の節句」であった。しかし、江戸時代中期から、ショウブが「勝負」にかけられて、コイのように勢いづくようにと鯉幟がたてられた。最上部の五色の吹き流しは邪気払いである。

⑨金剛杖《こんごうつえ》　――――　室町期から現在

山伏が山岳信仰のとき持つ杖。先達の持つ杖を檜杖《ひじょう》、初めて入峰する新客のもつ杖を担杖《たんじょう》、金剛杖は入峰二度以上の度衆の持つ杖。悪霊を退散させ、仏法守護・衆生利益をはかる杖とされる。

⑩注連縄《しめなわ》　――――　江戸期から現在

祭場の標示として、また、神聖なる空間として俗界との結界を示す縄。

⑪ 錫杖《しゃくじょう》

室町期から現在

僧が携行する一種の杖。

⑫ 焼嗅《やいかがし》

江戸期から現在

節分の日に、イワシの頭など臭気の強いものを串に挿してヒイラギと共に戸口に挿し魔除けとする。その臭気で魔を払い、ヒイラギの棘で魔物の侵入を防ぐとされる。嗅がしは襤褸や毛髪、鳥の羽などを焼いた臭気を出すものをいい、鳥獣の害から作物を守る杣にも使われた。田畑に立てられる案山子の名はここからきている。

⑬ 山《やま》の神《かみ》

古代から現在

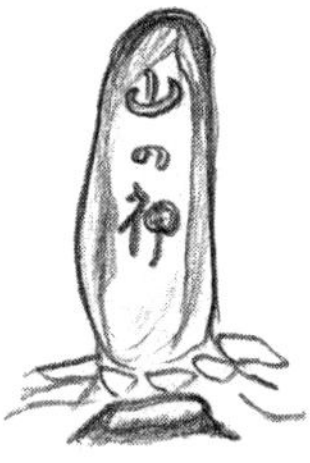

猟師・杣師・木地師をはじめ山を生業の場とする者を守護する神。農耕に従事する者の信仰する山の神もある。春に山の神が山から降りてきて田の神となり秋に収穫後、山に帰るという信仰に基づく。宇陀地域では一月四日を山の神の日として山の入口の隅に設けられた祠にお餅、ミカンなどを供える。また、一月七日は山へは入らない日となっている。この日に山に入ると災いが起こるとされている。

⑭ 六文銭《ろくもんせん》

中世から現在

死者の副葬品として棺に納める。六という数字は、地獄・餓鬼・畜生・修羅・人間・天上の六つの世界をいう。三途の川の渡し銭として棺に入れる。

⑮香典帳《こうでんちょう》――――昭和二〇年代から現在

葬儀に際して霊前に供えられた香典を記録する帳面。半紙を二つ折れにし、折れ元を上にして閉じた帳面。折れ元を上にするのは憂い事を流すためである。ちなみに慶事の受け帳は折り元を下にして慶事を受け留める意味が込められている。

⑯勝負分《しょうぶわ》け

家族に死者が出たとき、葬儀を終えて一定の期間が過ぎると、死者が生前に愛用していた物品や衣類を兄弟・親戚に分け与える風習。最近、私の近辺でも葬儀はあったが、勝負分けを貰ってない事からすると、この風習も最近では見られないようである。

第六節　遊戯

①剣 ―――― 昭和二〇年代

②べったん・かっぺん（玩具）―― 昭和四〇年代

江戸時代には瓦や石に小形の面の型を彫り、中に泥粘土を詰めて抜き取って焼いた泥面子であったが、明治時代になり紙製のものが流行した。紙の物は地面に叩きつけて相手のものを裏返しする遊び。面には人気役者の顔や家紋、火消しの纏《まとい》、角力《すもう》、芝居また映画、スポーツ漫画のヒーローなど時代に合わせて描かれた。近所の仲良し子供が放課後に遊んでいた。紙の薄いものがべったんで、厚手のものはかっぺんである。べったんには一枚から一二枚あり、種類により一枚ぺん、三枚ぺん、四枚ぺん、六枚ぺん、八枚ぺん、一〇枚ぺん、一二枚ぺんがあった。上達すると、一枚ぺんが一〇枚ぺんを裏返すこともある。

③手造りの虫籠 ―― 明治時代から昭和四〇年代

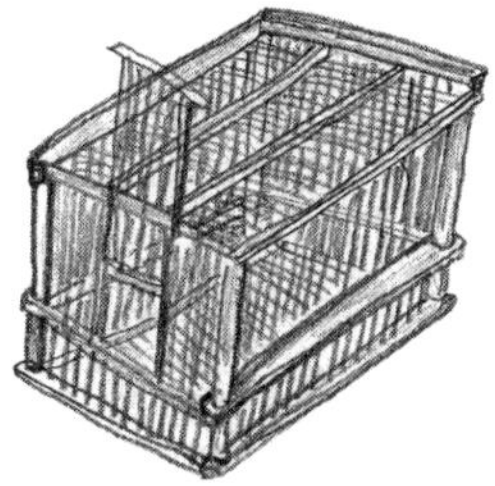

蛍やスズムシなどの虫を飼うための小さな籠。蛍籠は螺旋形で下方が大きく上方は小さい麦藁製のものもある。

④バドミントン・フラフープ ―― 昭和三〇年代

⑤輪回し

桶や樽のはずれた古箍を、先をT字形にした棒やY字形にした割り竹、枝木で押してまわして転がす遊び。古い自転車の車輪のみを取り外し、輪回しにする光景も見られた。

⑥折紙《おりがみ》――――江戸期から現在

一枚の紙を折って様々な形を作る物。古くから純白の紙は穢れを祓う呪力を持つとされる。御幣は神霊の依代としたり、人形に折って身体の病む部分に擂りつけて川に流した。神社の祭礼や冠婚葬祭の儀式や進物に用いられる敷紙・包紙・飾紙などさまざまな折紙がある。

⑦紙芝居《かみしばい》――――昭和初期から昭和三〇年代

数枚の連続する絵を見せながら、物語を聞かせるもの。縁日や祭礼で自転車の荷台につけて子供相手に見せる。駄菓子を売るときもある。

⑧紙風船《かみふうせん》――――明治中期から昭和三〇年代

紅白や青・黄の色紙で作られた風船。売薬の行商人が手土産に得意先の子供に与えた。

⑨竹蜻蛉《たけとんぼ》――――中世から現在

竹の両側をプロペラ形に削って中心に穴をあけ、心棒を通した玩具。

⑩凧《たこ》――――江戸期から現在

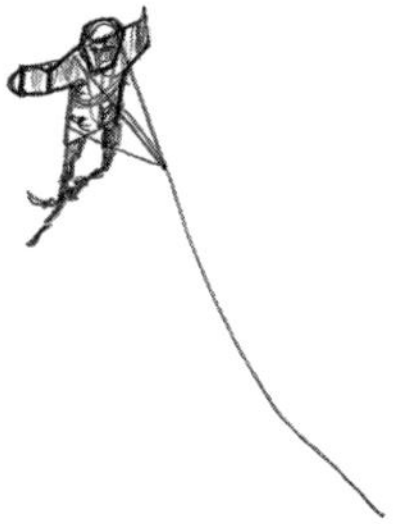

細竹で骨組みをつくり、上に絵を描いた紙を張り、糸で引いて空高く風に靡かせて遊ぶもの。バランスをとるため、細長紙の足を両端につけることもある。

⑪パチンコ　——大正から昭和初期

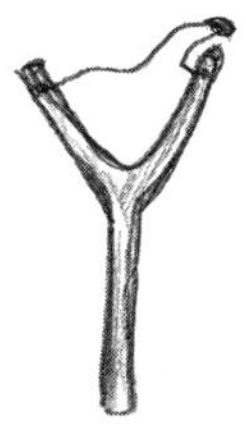

小さな股木につけたゴム紐で小石などをゴムの弾力で飛ばす玩具。

⑫花札《はなふだ》　——江戸期から昭和初期

四季一二カ月の花鳥風月を描いた札の数が四八枚あり、それぞれに点数があり、組み合わせで点数を競う遊び。

⑬ビー玉《だま》　——明治中期から現在

直径二、三センチのガラス玉で中には色彩が入れられている。相手の玉に当てたり、定められた順に穴に入れたりして遊ぶ。最初はラムネ瓶に入っていたガラス玉を使っていたが色彩を入れた玉になった。

⑭草笛《くさぶえ》　——江戸期から昭和初期

草の葉を折り重ね、口で吹いて鳴らす玩具。自家製の即物的な遊びとして道端で鳴らした。

⑮飯事道具《ままごとどうぐ》　——大正期から昭和初期

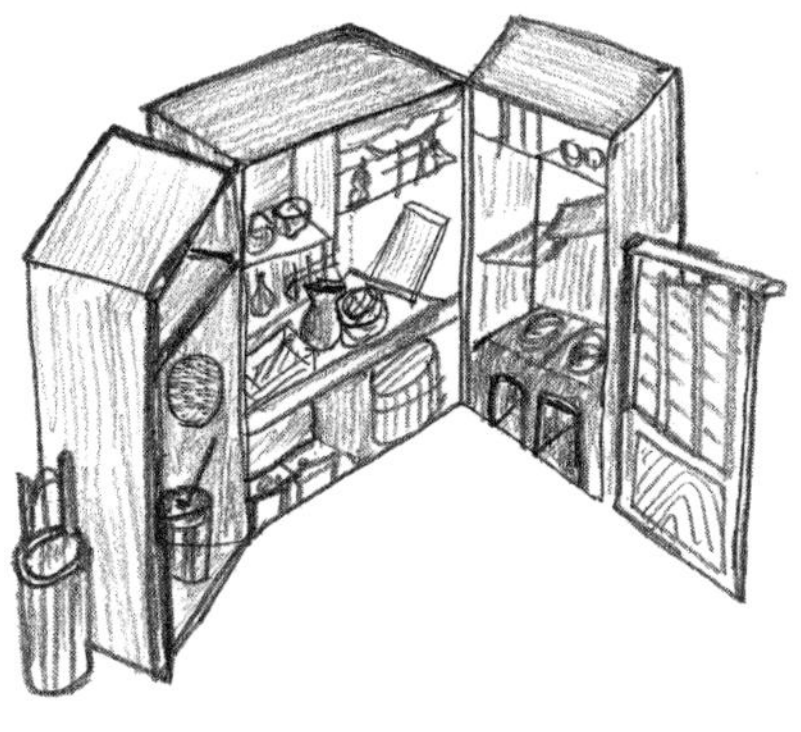

主に女児が楽しむ飯事あそびの道具。ママは食物、コトはハレの日の行事を意味する。ハレの日の食物の調理・炊事・贈答・饗応・訪問など中心となる主婦の立ち居振る舞いをまねる遊び。

⑯まり（鞠・毬）――――江戸期から現在

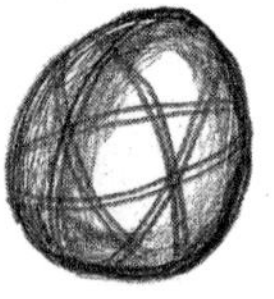

遊びに使う円形の玉。古代に中国から伝わり貴族の間で行なわれた蹴鞠から手で遊ぶ毬が工夫されたとされる。江戸期に木綿糸が出だすと、芯にオガ屑などを詰めて幾重にも糸で巻き堅くした毬が工夫された。女児の遊びとして広がった。また、五色の糸で美しく仕上げた鞠は女児の誕生祝いや結婚祝いの贈り物とされた。

⑰弥次郎兵衛《やじろべえ》――――江戸期から現在

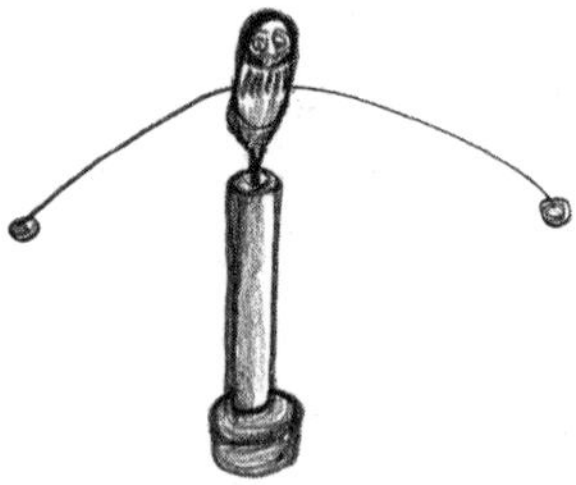

両端に錘をつけた長い棒を持つ人形。錘で左右の釣り合いを取り、指先などに乗せて遊ぶ人形。

⑱吹玉鉄砲《ふきだまてっぽう》――――江戸期から昭和三〇年代

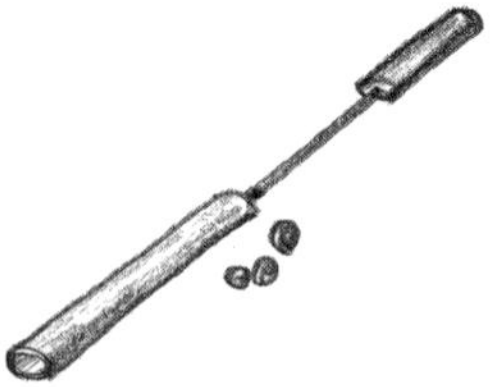

竹筒に先弾を詰め、次に後弾を詰め込んで、突き棒で勢いよく突くと先弾が空気の圧縮力で飛び出す。弾にはナンテンの実・草の実・杉の実等を使う。

第七節　その他

①使用済みの短くなった鉛筆 ――― 昭和四〇年代

筆記用具には筆・鉛筆・ペンが普及していたが、一般家庭では依然として筆が主流であった。鉛筆は貴重であったので、手で持てる限り使ったので、最後には短い鉛筆が残った。こうしたものまで残すのである。

②古写真 ――― 明治時代から昭和四〇年

古くは日露戦争の出兵前の写真や徴兵時代の兵舎生活のものがある。写真は現在のように何時でも簡単に撮れた訳ではない。婚礼や卒業式などの儀式の時に限られていた。従って平素の日常生活の写真は稀である。また、専用のアルバムはないので見栄えの良い空いた菓子箱などで保存していた。多くは色褪せ消えかかったものである。写真からは当時の服装や髪型、顔立ちが分かる。男性は髭が多い。男性の服装は羽織、袴が多い。女性は和服が一般で、現在のような洋服は見られない。洋服が普及したのは戦後の昭和四〇年代以降である。和服の仕立ては各家庭で行なわれた。しかし、洋服は普及したのが後であったのでミシンや洋装仕立ての道具類もそれに合わせて次第に普及していった。

③明治から昭和初期までの学校教材

明治期のものは和綴本である。元は進状返状の往返一対の手紙の模範文をいくも収めて手本の形に編集したものなので往来とも言った。近世には

庶民教育の教科書として寺子屋で使用されていた。地域の実情に応じて様々な和綴本が出回った。

④はんし（半紙）——江戸期から現在

江戸時代以降は庶民の間にも紙が普及したが、紙はまだまだ貴重品であった。このため、ハレの日や贈答品に用いられた。近代になると習字の用紙として多く使われた。

⑤てならいづくえ（手習机）——江戸期から昭和初期

文机のうち寺子屋などで子供が手習いに使用した机。後に、甲板の下に筆・硯・墨・手本などを収納する引き出しがつけられたものが出だした。

第二章　農山村文化

第一節　失われた光景

農山村文化の内、現在では殆ど見られなくなったか、または既に見られないものの、保存はされているもの。概ね、昭和四〇年代を境に急速に見られなくなった「失われた光景」を集めた。

分類として【のむ・たべる】【よそおう】【すまう】【たがやす】【かう】【とる】【つくる】【はこぶ】【あきなう】【いのる】【たのしむ】【まなぶ】【まじわる】の一三項目とした。

【のむ・たべる】

①戸棚の中の一升瓶

各家庭の台所の戸棚には日本酒だけあって、現在のようなビール・ウイスキー・ワインなどは見られなかった。ときたま戸棚には一升瓶に詰められた濃縮みかんジュースがあった。日本酒以外の酒類も市場では普及していたが、一般家庭の戸棚に並ぶのは、昭和五〇年代になってからである。それまでは、酒の主流は日本酒である。ビールは会社勤めの人が勤務後に仲間と飲むことは行なわれていたが、家庭で飲むことは稀であった。

②牛肉という高級食材、豚肉は食せず

牛肉は滅多に食せなかった。従って、牛肉を使うすき焼きやカレーなどは殆ど食することはなかった。豚肉については、全国的には一般家庭で食する風習はあったが、宇陀地域に関しては、豚肉を食する風習は殆ど見られない。終戦直後の食糧難のときには、村では牛肉の配給があり、一戸当たり一〇〇グラム程度であった。代わりに自家で飼っていた鶏を潰し、カシワ（チキン）を食した。たまに村の猟師が猪を射止めることがあり、この時、お裾分けに小皿一盛頂いたことがあった。昭和四五年頃である。

③平素の家庭の食事は、粥。一日食事は五回

平素の家庭の食事は、粥が一般的であった。白米であっても、麦が入った麦飯である。一日の食事は早朝、一〇時頃、正午、午後四時頃、夜食である。一〇時頃と午後四時頃の食事を特にケンズイと呼んでいた。学校の弁当には特別に白米を炊いた。昭和三〇年代頃の学校に持参する弁当では、梅干しと白米の上に素干しを載せてあることもみられた。宇陀地域の農家では、夏季の陽が長い時期には一日六度の食事をしたと言う。

④茄子は高級野菜

常食としては、ふかしいも、団子入りの粥、野菜の塩漬（宇陀地域ではオクモと呼んだ）。野菜としてはチシャ、トキビなどで、現在、普通に食しているキャベツ（甘藍）、レタス、ピーマン、チンゲン菜などはまだ一般には普及していなかった。また、パン類は既に店頭に並んでいたが、まだまだ遠い存在で、ハレの日や法事のお供えものとしてアンパンが見られた程度で、一般家庭にパン類は普及していなかった。

また、取り分け、茄子は高級野菜であり、お客さんに供したり、親戚の人が里帰りしたとき食した。普段は滅多に食せなかった。なお、姿を消した野菜として、バショナ、チシャ（現在出回って

いるチシャとは異なる）カラシナ、トキビを挙げたい。これらの野菜は昭和三〇年代には畑に普通に見られた。

⑤赤飯

赤飯はハレの日（祭日や縁日、冠婚祭など儀礼的な日）にのみ食したが、現在では何時でも日常的に食するようになった。

⑥お菓子類はおかき、あられ

お菓子類は砂糖水、おかき、あられ、だんご、ふかしいも、夏にはコバシ（はったい粉）があった。駄菓子屋では一個一円のどんぐり飴が人気であった。コーヒーは、現在は生活に溶け込んでいるが、昭和四〇年代後半からである。それまでは、パンと同様でまだまだ遠い存在であった。

⑦外食はせず、弁当水筒持参が一般

外食はせず、弁当水筒持参が一般的であった。外出する時で、帰宅が正午を過ぎることが予測される場合、寺社参拝、山仕事、行商、遠方回りなどでは、弁当・水筒・傘持参が一般的であった。この習慣は恐らく、相当の太古の時代から行なわれていたに違いない。通信・交通手段が現在ほど充実していない時代では当然の成り行きである。個人の飲食店は江戸期からあったが、外食することは、元来相当の抵抗感があるはずであろうし、贅沢である上に、何よりも罪悪感があった。昭和五〇年代になり漸く外食産業という言葉が聞かれるようになった。

⑧豊富な山菜

山菜採りは春にはよもぎ摘み、イタドリ、わらび、ぜんまい、蕗など食材が採れ、秋には松茸、しめじなどのきのこが沢山採れた。現在ではこれらの山菜類はスーパーの店頭で売られている。

（昭和四〇年代）

⑨鯖は高級魚

鯖は高級魚で普段は滅多に食せなかった。大概は素干し、ニシンの干物であった。また、鮭はたまに食したが、塩の塊といった状態であり、本来の鮭の味とは程遠い味であった。それでも美味かった。鯛・海老・蛤などはハレの日でさえも滅多に食しなかった。海から遠い農山村では、川漁りも重要な家業とした。

（昭和四〇年代）

⑩鶏を自家で捌いている人の姿

鶏を捌いて料理する。これは牛肉が高価であったため、その代物として食した。鶏に限らず各家庭で家畜を捌くことは太古から行なわれていた。農山村では鹿・猪・兎・狸など多く、猟師が射止めた。これを捌くには自家で捌いたり、また宇陀地域では、旧菟田野町古市場の精肉店に持参して捌いていた。

（昭和三〇年代）

⑪家族で食卓を囲んで談話して食事する光景

家族で一つの食卓を囲みながら談話して食事した。ここでの家族の席順は決まっていた。その席順は囲炉裏を囲んだ席順と同じである。また、一人用の膳で個別に食していた家庭も見られた。私が小学校時代の昭和三〇年代には山辺三の伯父さん宅へ遊びに行った時、一人用の高膳を使っていたことに興味があった。現在では仕事に影響されてか家族で食卓を囲みながら談話して食事をする光景はあまり見られない。

なお、箸の持ち方に関して、箸は右手使で親指を上に、小指四本は下にして持つのである。これを、幼児は最初は小指三本を下にして持つ事が多い。家族で食事をすると、これを注意して直してくれる。事実、私が経験したことであるが、三本で持っていたところ、祖父は、傍で何時も注意してくれた。四本指にならないわたしの持ち方を、何度も繰り返し注意してくれた。しかし何時しか、私の箸を持つ方法は、四本指になっていた。

また、母は食べ残すことを嫌った。飯椀には、米一粒も残さないようにと何時も話してくれた。お陰で、弁当などでも、ご飯一粒も残さないように、今も心掛けている。

⑫伊勢講、庚申講として寄り合い会食する風習

伊勢講、庚申講は、農業神である伊勢神社や道祖神である庚申信仰を講組織で祀るものであるが、ここは、村内の情報交換の場でもあった。新聞・テレビ・ラジオ等の情報媒体は既に一般家庭に浸透していたが、その情報内容が庶民に認識されていたかどうかは別問題である。村の寄り合いは、情報交換の重要な場なのである。ここでは会食を伴うことが多かった。この寄り合いでは、私が幼いころは各自の高膳であった。後、長膳に変化した。

⑬会食膳を持ち帰る人の姿

祭礼や儀式などのハレの日の膳は、その場で全部食するのではなく、一部は食するが残りは家庭に持ち帰り家族全員で食しながら祝った。こうすることで、お祝い事は会合に出席した者だけでなく、その家族も祝うことができた。この風習は、現在でも存続しているが、崩れてきている。

⑭持参した買い物籠を持った買い物客の姿

方形の竹籠が多いがイグサやトウで編まれた籠もあった。昭和四〇年代までは日常的に見受けられたが、その後五〇年代には紙袋が出現した。さらにその後はビニール袋が出回った。しかし、最近ではエコ値引きとして、買い物袋を持参したお客さんには、商品代金から値引きしているところも現れた。

⑮冬の落葉焼の風景

落葉の中で焼き芋をしていた。また小石を焼いて、暖かくした石をかいろ代わりに懐中に入れて暖をとった。

⑯三時の休憩にヤカンでお茶とお菓子

昼間に農作業していると、三時の休憩として、ヤカンでお茶とお菓子を運んでくる家族の姿があった。

【よそおう】

①簪を付けた日本髪（高島髷）の人の姿

簪を付けた日本髪（高島髷）の人は現在見られない。日本髪、特に高島髷の髪型は戦前までは裕福な家庭では普通に見られた。しかし、戦後は急速に見られなくなった。現在では和装の結婚式や職業として装う場合以外は見ることは稀である。

②自家で婚礼、葬儀を行なっている光景

現在では婚礼式は神社やホテルで行なわれ、また葬儀式はセレモニーホールで行なわれることが多い。しかし、昭和五〇年代初期頃までは婚礼、葬儀は各家で行なった。喪服を着るのは喪主か、多くて二、三人。他の弔問に来た人は、普段着のままである。現在は葬儀の参列者全員が喪服である。今では常識になっているが葬儀に喪服を装う風習はかなり遅れたように思う。昭和五〇年代初期では、多くは普段着姿の弔問客であった。

③表通りの和服姿の人

和服姿の人は既に滅多に見かけない。昭和四七年、私が高校で九州への修学旅行に参加するためミノルタカメラを初めて購入、試しに撮影したときの祖父の姿は普段着の着物姿であった。その時撮影した以降は急速に見られなくなった。祖父は翌年他界したが、直前まで着物の後ろの裾を捲り上げて、腰紐に掛けて、畑仕事をしていた。普段も着物姿で、洋服は、行商回りの呉服屋が、反物が売れないためか作業服のような服を売りつけてきた服を着ていたくらいで、晩年になっても着物であった。近年、訪問着姿に風呂敷を持つ人の姿すら見られなくなった。

④もんぺ姿の人
着物着は普通に着られていたが、活動性に欠けることがあったので、もんぺが出現した。着物の布地でズボンのように足を通し、腰回りと、足首はゴム紐で縛るはきものが流行した。

（昭和一〇年代から昭和四〇年代）

【すまう】

①板間の拭き掃除が日課。五月の大掃除
板間の拭き掃除が日課であった。毎年五月頃には家族全員で大掃除を行なった。大掃除では畳をカドで日干して湿気を払った。昭和四〇年代中頃まで行なっていた。この頃は、畳のダニ・ノミなどの害虫駆除剤として、ＤＤＴが出回っていた。ＤＤＴは白い粉状の劇薬で非常に強く畳を傷めた。その後、何時しかＤＤＴは人体に害があることが分かり、使用は禁止された。

②箱火鉢、豆炭、練炭火鉢で暖をとる光景
箱火鉢、豆炭、練炭火鉢で暖をとった。石油ストーブは既に出回っていたが、どの家庭にもあるわけではなかった。ましてや、電気の冷暖房機な

どは普及率は低かった。近年の機密性の高い新建材の住宅や集合住宅ではクーラーなどの電気の冷暖房機は効果があるが、古い民家では依然として箱火鉢、豆炭、練炭火鉢が主流であった。宇陀地域は都心や平野部に比して、三度から四度低い気候であるため、クーラーの稼働率は今も低い。

③夏はハエ・蚊が多くて難儀

夏はハエ・蚊が多くて難儀した。日中でも家中に、常時、一〇数匹が飛び回っていた。ハエ取り紙で捕獲していたが、追いつかない状態である。

④ネズミも多くて難儀

ネズミも多くて困った。多くの家庭ではネズミを捕らせる目的で猫を飼った。我が家では猫は泥足のまま畳の間に上がるため嫌っていたので猫を飼っていなかった。その分、ネズミに難儀した。現在の猫はペットとして飼うのでネズミを捕らなくなってしまった。

⑤犬を飼えるのは、裕福な家庭

犬を飼えるのは、裕福な家庭に限られていた。犬は屋敷内の警備目的に飼うことであり、飼育には餌など費用が嵩むため余裕のある家庭に限られていた。現在ではペットとして飼われている。

⑥盛夏に盥で行水する子供の姿

盛夏には盥で行水をした。屋敷内の垣根越しで盥に水を汲み、汗を流すことである。現在では、殆ど見られない。（江戸期から昭和四〇年代）

⑦新しく購入した食器は使用前に沸騰

新しく購入した食器は使用する前に沸騰するまで煮詰める。理由は定かではないが、鍋で煮沸していた。（昭和五〇年代）

⑧病の時は呪術医療中心

病の時、医院には行かず近所の明神さんや大師寺の傍にあった護摩を焚く祈祷師に窺ったりしていた。近年は名張のお寺の祈祷師に窺っていた。大概の病はそれで治った。明神さんは、屋敷の四角を塩でお祓いをし、川の流れに沿って川水をすくい上げ、その水で屋敷を清めるとのことである。二、三日経つと病は楽になったことを、私は何度も経験していた。元々病の時、家庭看護が一般に行なわれていた。それも呪術的医療が主で、現在のように病院で看て貰う風習は昭和四〇年代後半からである。（昭和四〇年代）

⑨ニワで近所の人の散髪をする光景

家族の散髪は母がした。近所の人の散髪もした。代金として一五〇円程度もらっていた。（昭和四〇年代）

⑩入浴は、二日か三日に一度の割

入浴は、二日か三日に一度の割で入った。それ以外にも村の親しい人の家で風呂に入れて貰っていた。垣内（かいと＝村落共同体の最小単位で数軒から数十軒）内の家は親しく助け合っていた。私が生まれる前には唐突に多額な資金が必要になった時の備えとして、相互の援助組織である講があったらしい。その名残であろうか、現在ではなくなったが、お伊勢参りの積立金として伊勢講が近年まで行なわれていた。毎月掛け金をして積立し、当番でお伊勢参りする仕組みがあった。しかし、お伊勢参りの風習がなくなった近年では、積立金の必要がなくなり、寄り合い（会合）の風習だけが、残された。しかしこの寄り合い（会合）も近年では次第に見られなくなった。

⑪米の貸し借りをしている主婦の姿

同じ垣内の家は親しく寝具、米、など日常品・食品の貸し借りは普通に行なわれていた。昭和三〇年代は子供の数が多く、親戚・縁者が多いため、盆・正月や藪入り時には多くの子供が里帰りで賑わった。その分、寝泊まりする寝具が必要になるため、近所から寝具を借りていた。現在でも各家庭は、突発的な時、親しい近所から必要な物を借りることはあるが、米や寝具を借りることは殆どない。母が若いころの昭和二〇年代までは、夕刻になると、今夜の食べる飯がないので、米を一升貸してほしいと依頼されたことは何度もあったと言う。（昭和四〇年代）

⑫家庭用燃料は柴が主流

農協は早くからプロパンガスを売り出していた。昭和四〇年代初めにはあった。プロパンガスはボンベ一本で一カ月もった。家庭用燃料としては、自家の山でとれた柴を主に使用した。柴はクドで焚かれることで煙を出し、この煙で屋根材や木材が燻され防虫の効果があった。野山には入会地といって共同で利用できる範囲があった。ここでは入会出来る人（入会権と言う）は自由に柴を取れたので各自早朝から競って柴を取っていた。特に五月の田植え時期には田に施す堆肥として早朝から入会地に入り各自、雑草を持ち帰った。このため入会地は奇麗に整備され、手入れの行届いた山であった。こうした野山には松茸・シメジなどのきのこやササユリなど、現在では貴重となっている植物が普通に見られた。

⑬電灯は各家庭に一個

昭和三〇年代前半では、電灯は各家庭に一個付いていた。しかしこの頃の電灯は時々何の予告もなくして停電になる。暫くするとまた電灯がつくといった生活である。おとめ油はその時によく間に合ったことを覚えている。蝋燭も市販されていたが、買うことはなかった。

【たがやす】

①野菜に肥えをやる光景

母は、オーコ（荷負う棒）で、こえたご（肥え桶）を担いで、上の畑まで運んだ。現在は肥料を購入して施肥するが、まだまだ、自家のこえたごが一般であった。自家のこえたごは、野菜に虫が付かず、消毒は不要であった。なお、毎年の種採りは、殆どの野菜の種はその年の古株を残して種を採種した。毎年種を採種した農産類としては、米・麦・トキビ・きうり・かぼちゃ・すいか・茄子・とうもろこし・胡麻・大根・菜種・蕪・豆類などがある。これらは何れの農家でも栽培していた。近年スーパーなどの農産コーナーでは多種品目の農産物が見られる。

②人が鍬で耕している光景

近年、田畑にて人が鍬で耕す光景を見ることは少なくなった。農業用機械類が普及したためか以前のように畑にて、人が鍬で耕す光景は減った。耕すことと施肥することは農業の基本で太古から行なわれていたに違いない。

③秋の田園風景の中の案山子

案山子は節分に使うやいかがし（焼嗅）が元とされた。昭和四〇年代前半には普通に見られたが、農薬・化学肥料の普及で次第に姿を消した。

④成り木攻めの光景

一月一五日に行なう年中行事に成り木攻めの風習がある。最近は殆ど見かけないが、昭和六〇年代でも一部で行なっていた。柿・栗などの果樹のその年の実りを願い、「成るか、成ぬか。成らねば切る」と唱えながら、一方で鉈を構え、他方で木の又などに赤飯を供える行為である。

【かう】

①マヤには牛・屋敷地内には放し飼いされた鶏の光景

家畜としては、農耕労働用の牛以外に、鶏を飼った。牛は家族同様に大切にされたので家にマヤとして飼う場所が決まっていた。しかし、鶏は各家庭の庭（カド）で五、六羽程度放し飼いしていた。別に鶏舎や縁の下でも飼われていた。また、たまにヤギや豚を飼育する家庭もあった。現在では専門の業者が家畜を大規模に養っている。

②養蚕

蚕は戦前盛んに飼育されていて、近年まで田の堤には桑の切株が多く残されていた。桑の切株は昭和四〇年代を境に急速に消失していった。現在では桑の木を見ることさえ稀になった。なお、宇陀地域の古い民家には家屋内で蚕を飼っていた痕跡が観察されることは既に述べたところである。

③かいば桶

農家では農作業用として牛を飼っていた。この牛に餌を与える時に使用する桶で、餌として干し草や藁を入れた。（昭和四〇年代）

④軒先に鳥籠が吊られている光景

鳥籠。小鳥を飼う籠。竹籤《たけひご》を骨竹に通して編む。麦藁で編んだ蛍籠もあった。小鳥を籠で飼う楽しみは昔からあった。特に冬場にはウグイス・メジロ・ホオジロなどの和鳥が盛んに捕獲され、それが大人も子供も、遊びとしては最も人気があった。現在では和鳥を捕獲することは禁止されている。これも昭和四〇年代を境に次第に見られなくなった。

【とる】

①夏の大川では子供は水泳をし、大人は川漁りする光景

夏には、子供は大川で川遊びを兼ねた水泳をし、大人は川漁りを行ない、夕飯のおかずにしていた。海に縁のない農山村では川漁りは重要な食材調達手段でもあった。これは、子供の遊びであるが、大人も生活の一部として川漁りを行なった。フナ、オイカワ（宇陀地域での呼び名はハイ）、カマツカ（同、ネゴ）、婚姻色の美しいオイカワ（同、アサジ）、ナマズ、アブラハヤ（同、ヤナギバイ）、カワムツ（同、アカモツ）などが獲れた。鯉は滅多にいなかった。一尾でもみつければ、大騒ぎであった。ナマズは捕獲が困難で、特に夜付けによる漁法があった。前夜に餌をつけた糸を川に浸けておく。早朝にはナマズが掛っていた。ナマズは夜行性の魚のため夜間しか餌に掛らない。

（昭和四〇年代）

②冬の山野原で小鳥を狙う子供の姿

冬には小鳥を捕った。特に雪の日の朝はホオジロなどの小鳥を捕獲する絶好の機会である。秋の稲刈り時に採っておいた稲穂を餌にして、捕獲網に取り付ける。この捕獲網を稲藁隅に置いて、餌を求めて来る小鳥を捕獲するのである。雪の朝は心がワクワクして小鳥を捕獲していた。霞み網も使った。この網は現在では規制されていて使用出来ない。

小鳥の捕獲方法として他に落とし籠があった。落とし籠は、籠の一方を竹で作られた長さ三〇センチほどの筒で持ちあげるもので、竹筒の両端は細工されている。籠の中に豆などの餌を播き、その上に止まり木を渡し、餌を求めて籠の中に入った小鳥が止まり木に掛ると、竹筒が取れて籠が落ちて鳥を塞ぐ仕掛けである。

（昭和四〇年代）

【つくる】

①電車内で材木を運ぶ人の姿

材木店に勤めていた母にお願いして、板を貰ってきてもらい、箱や小物を細工した。板の切れ端を風呂敷に包んで電車で持ち帰ってくれた。当時は気にせずに何でも電車内に持ち込んでいたようだ。また、この頃は、和歌山方面からミカンを積んだ籠や伊勢方面から鮮魚を積んだ籠を持つ人の姿は普通に見られた。現在、車内でこの様な光景は見られない。（昭和四〇年代）

物がない時は、現代のようにお店で購入することを考えるのではなく、身近にあるものを利用して、工夫して工作することを思いついた。梯子、鶏舎、家屋の簡単な修理工作、橇、遊び道具、夏の簾、日常で必要な小物など大概のものは手作りで工作できた。現在ではホームセンターなどで既製のものが簡単に購入できる。（昭和四〇年代）

②漬物・味噌・醤油・豆腐・こんにゃくなどは各家庭で作った

漬物・味噌・醤油・豆腐・こんにゃくなどは各家庭で作った。これは冬期の主婦の仕事であった。特に農家ではミソベヤと言われる漬物などの加工食品専門の部屋があり、ここには大きな樽が数個置かれていた。現在でも自家で味噌を作る家庭はある。しかし、醤油、豆腐は、母の若い頃である昭和初期には当家でも作っていたようであるが、現在、自家で醤油、豆腐を作っている家庭は今のところ聞かない。

【はこぶ】

①畑まで肥えた桶を担ぐ人の姿

肥えた桶は、し尿を田畑に施肥するために運ぶ桶である。側の対角の板を角状に高くし、縄を結びつけ、天秤棒で前後を吊下げて一荷で運ぶ。近年は化学肥料が市販されて使用されるため、肥えた桶を担う人の姿は見られなくなった。田畑の肥料としてはし尿以外にも、台所の排水貯めを利用した。この為、汚水を直接川に排水することはないため、川の水質は奇麗で、河川で川漁りができ、また夏には水泳もできた。現在は洗濯水、台所水は直接川に排水するため河川の水質は汚染されている。

（昭和四〇年代）

②さす（刺）で荷物を運ぶ人の姿

さす（刺）は棒の両端を削って尖らせたもので稲藁、刈草、柴などを両端に突き刺し、肩に担いで運ぶ棒。近年は様々な運搬機械が出だしたので、人がさすで荷物を運搬する姿は見られない。

③オーコ（朸）で荷物を運ぶ人の姿。

オーコ（朸）は、中心部を肩に荷ない前後に桶や籠、畚を吊下げて運ぶ棒。さすと共に今ではオーコを使って荷物を運搬する姿は見られない。

（昭和五〇年代）

④畚《ふご》を使う人の姿

畚《ふご》は、主に稲藁で菰編みにした円形の運搬容器。サツマイモなどの根菜類やイガ栗なども入れて縄の紐で天秤棒で担いだ。

（昭和四〇年代）

⑤風呂敷を使う人の姿

風呂敷は、物を包んで運ぶ方形の布。元禄時代に入浴の時、衣類を包んで床に広げて身支度に使われていたことからとされる。現在も使われているが、日常で見ることも殆どなくなった。風呂敷でいろいろな包み方があるが、手提げ袋・バッグ・鞄などが多く使われ、見る機会が少なくなった。

⑥配達籠を使う人の姿

配達籠は、自転車の荷台に積み、中に品を入れて配達に使った。主に商店で使われたが、農家でも収獲物の運搬に使われた。自動車の普及とともに次第に消えていったが、現在でも農家や野菜・鮮魚市場で稀に見かける。

（昭和五〇年代）

⑦婚礼に際して、トラックで荷を運ぶ光景

結婚に際して、家財道具一式などを婚家に運ぶ方法として、トラック数台で午前中に婚家に運び入れる行ないである。以前は、大安の日にはよく沿道で見かけたが、近年は全く見ない。私が直近で見かけたのは、私の結婚式の時で、昭和六三年の時であった。それ以降、この光景を見ることはない。

【あきなう】

①竹の皮を売りに出す子供の姿

五月には、裏の竹藪で沢山採れた竹の皮を川向こうの肉屋で買ってもらった。一握り一〇円だった。竹の皮は肉を包んだり、御握りを包んだりした。竹の皮は中の食物を保護した。竹の皮に限らず、自家で採れた自然の物産や農産物は各自、自由に市場で販売できた。これに関しては、現在でも変わっていない。

②自家の鶏が産んだ卵を貯めて、油と交換
　鶏が産んだ卵を五、六個貯めて、油屋でおとめ油と交換して貰う。昭和三〇年代では普通に行なわれていた。

③日常では現金は不要。支払いは年二回
　日常の生活は、自給自足生活で事足りていたから、現金は必要でなかった。このためか、昭和三〇年代に幼少時代を経験した者は、小遣い（親から小額の金員を期限を定めて受け取るもので、子供はこのお金を自由に使えた）という概念は持っていないはずである。ものを購入した場合の代金はすべて、付け払いで、切期（節期）払いであった。切期とは、年の内、二回あった。八月のお盆と年末の一二月末日であった。それまでの付けはこの時期には完全に清算した。

　現在、生活費として月当たりいくら必要と普通に言っているが、これも同様で昭和四〇年代前半まではこの様な概念はなった。自給自足生活で現金を必要としない社会構造から、日常の生活に必要な物品は、貨幣を仲介手段として交換する社会の中で購入することで用を足す社会構造に変化してきた。生活費と言う言葉は、昭和四〇年代中期以降の社会の流れの中で、いつしか出現してきた。そうは言うものの、都心では、限られた地域内に人が集中していたし、また必要な生活物資は地域外から得る必要があることから当然の成り行きでもあった。（江戸期から昭和四〇年代）
※この切期（節期）払いの風習は一部地域で現在も行なわれている。

④竹籠にみかんを詰めてオーコで担いで行商にやってくる人の姿
　昭和四〇年代前半まで見られたが、その後は自動車の普及とともに見られなくなった。和歌山方面から来たと言う。一二月には正月のお供え用のみかんとしてよく来ていた。

【いのる】

①節分の日に黒豆を年の数食う

節分の風習として、その年の年齢数の黒豆数を一握りで掴んで食べる。一握りで掴むまで何度も握る。

（昭和六〇年代）

②正月用飾り品を野山で採取する人の姿

一二月の二〇日過ぎには松、竹、梅、ウラジロなどの正月用飾りを、近所の子供を誘いあって近くの野山に採りに行った。これがまた、野山の遊びで楽しかった。現在はこの様な光景は見られない。

③毎月七日、九日、二九日と年末の二〇日は特別日

大切なことはしない日としていたのが毎月七日、九日、二九日と年末の二〇日であった。その理由は定かではないが古より語り継がれていた。

【たのしむ】

①大人が夜ごと花札遊びをする光景

夜ごと各家で花札の博打をした。娯楽用品が少ない昭和一〇年代では、親しい者が夜ごと各家に集まり花札遊びを行なった。この時には日本酒などでその場を盛り上げることも見られた。

②たばこの代用としてサンキラを吸う人

戦時中はたばこがないので、代用として野山で

サンキラを採取し、乾燥してたばこにしていた。

③集団旅行は昭和三〇年代後半から

集団で旅行をすることはまだ一般的に行なわれてはいなかった。集団で旅行をするようになったのは昭和三六年の農協主催の旅行がきっかけで次第に普及し始めた。しかし、旅行は滅多にしなかった。奈良交通の観光バスはボンネットバスで運行していたが、現在ほども道路が整備されていないため、バス酔いしたり、故障したりで遠方旅行は困難であった。

④正月の遊びをする子供の光景

正月の遊びとして、男の子は自作の凧揚げ、コマまわし、メンコ、すごろく、かるた、缶けり、などで親戚の従兄と遊んだ。女の子は羽付き、手まり、お手玉、あやとり、をして遊んだ。なお、正月三ケ日は外出せず、家内に閉じ籠った。家内では終日睡眠した。俗に寝正月と呼んだ。

⑤遊び道具を細工する光景

遊び道具は現在のように「買うもの」ではなく「作るもの」であり、自分で工夫して工作していた。伝承玩具として、おはじき・ビー玉・コマ回し・けん玉・メンコなどがあり、折り紙遊びとして、かぶと・二双舟・帆掛け舟・帽子などがあり、工作遊びとして、蕗玉鉄砲・杉玉鉄砲・割り箸ゴム鉄砲・弓矢・パチンコ・糸電話・竹馬・缶馬・糸巻き車・手袋人形がある。冬期には橇を作った。また釘さし・べったん・将棋だおし・チャンバラごっこなど主に男児が行なう対戦ゲームや通りゃんせ・かごめ・はないちもんめ・縄とびなど主に女児の集団ゲームがある。さらに鬼ごっこ・だるまさんが転んだ・缶けりなどのゲーム、紙や地面に歌いながら動物の絵を書く遊びも行なわれた。しかし、これらの遊びをしている光景は農山村でさえ現在では殆ど目にすることはない。

近年、都心では防犯から子供が外で遊んでいる光景は見ない。ゲームセンターで電子機器を触ってゲームしている光景が見られる。

⑥テレビは村内巡回して見て回る

　テレビが出だした昭和三〇年代前半は、村では、近所の家にテレビが有る、と言う噂はあっという間にひろがった。近所の子供は夕刻になると挙げてテレビを見せて貰いに走った。親は飯時には呼び戻しに来てくれた。父は、そんな私を可愛く思い、榛原駅前通りの安田電機店から七インチの三菱テレビを七万円で購入してくれた。昭和三五年当時の七万円は大変高価であった。現在に換算すると七〇万円から一〇〇万円になる。また、その噂がたちまち村内に広がり、近所の子供はおろか、知らない人まで我が家のテレビを見に来る有様であった。

⑦他村に嫁いだ伯母さんが、和服姿に巾着を抱えて、突然来る

　伯母さんが時々、或る日、突然来る。和服姿で巾着を持っていた。正装である。近寄ると、樟脳の匂いが漂った。この匂いが家内に立ちこめると、何だか新鮮で気が浮き浮きした。伯母さんは何時でも手土産にきりこを持ってきてくれた。そのきりこは、ピンポン玉程もある大きなもので、口に入れると柔らかく溶け込むようになくなった。大変、美味しいきりこであった。勿論、大きなきりこに交じって、普通の大きさのきりこもあった。また、炒られた栢の実も混ざっていた。いずれも香ばしく、美味しいものであった。

　伯母さんは、何時でも突然やって来た。或る日、風呂敷包を抱え、居間の畳の上で徐に風呂敷を解いた。私は何か大変なものが出てくるのかと目を凝らした。伯母さんは、得意そうにガラスの瓶を取り出し、私たち家族に見せてくれた。風呂敷包からはガラスの瓶が出てきた。そのガラスの瓶は、蓋の部分は凹凸があり装飾されていたが、ウイスキー入れる壺の部分は普通の瓶であった。

用の瓶に似ていて、美しいガラス瓶であった。今から思えばただのガラス瓶であったが、当時としては、大切な高価なものに思えたに違いない。

⑧菓子類は砂糖水、おかき、あられが主

お菓子類は砂糖水、おかき、あられ、だんご、夏にはコバシ（はったい粉）があった。他にニッキの根、どんぐり飴、水飴などである。

⑨小縁で座して世間話している光景

近所の話好きの人たちが小縁の縁に座って何やら世間話をしている。この様な光景は普通に見られたが、近年は見られない。

⑩数人の男の子がチャンバラゴッコをして遊んでいる光景

子供が木や竹を刀に見立てて、相手を切り倒す合戦ゲームは、時代劇でも見られる光景である。この遊びは恐らく相当昔から行なわれていたに違いない。日本の歴史からみると、武家政権が行なわれた鎌倉時代に遡る。地域により異なるが、昭和四〇年代中期には殆ど見られなくなった。

⑪大川で釣りをしている光景

アユ等の養殖魚を放流してある大川で大人がアユ釣りをしている光景をみることは別にして、普通の川で釣りをしている光景も最近は殆ど見ることがない。食材が豊富にあるなかで、川魚を食材にする必要性がなくなったことや水質が低下して、よい魚がいなくなったことなどが原因であろう。

【まなぶ】

①餞別の風習

餞別の風習。特に学校の先生の異動時には児童は、担任の先生に五〇円から一〇〇円程度を半紙に包んで渡した。

②落第

学制で所定の単位を取れば通常通り進級するはずであるが、所定の単位を取れなかった場合、進級できず再度、授業を受けることを落第といった。昭和初期では落第は屡みられた。現在、落第と言えば勉強嫌いで学業が不出来の人がすることであるが、当時は社会世相が異なる。機械化されていない農山村では人が重要な労働力であったため、家内労働に追われて、学校に通学出来ない人がいた。このため、所定の単位が取れず、落第した。

③読み書き出来ない人

現在は読み書き出来ない人がいることは、たまに高齢の方で、字を書けない、読めないと言う人を聞くが、殆ど耳にしない。俗に言う識字率である。現在この「識字率」と言う言葉すらなくなった。しかし、昭和三〇年代では読み書き出来ない人はよく耳にした。仕事に追われて通学できず、読み書きすらできずに大人になった。

【まじわる】

①タメー（為）でお返しする光景

タメーは社交儀礼の一つとして、親戚・知人から贈答品を受けた時、そのお返しとして贈答品代金の二割程度分の現金を返す風習。うつりとも言う。タメーに使う半紙の折り方は特別な折り方である。この風習は現在も行なわれている地域はある。

②乞食が物乞いにくる光景

私が少年期をすごした昭和三〇年代には自宅に貧相な服装の人が、物乞いに来ていた。母は特に驚いた様子もなく、普通に米一合与えると、丁寧にお礼を言って去って行った。現在、このような光景を見ることはない。母の話によると、以前は屡、来ていたと言う。中には子供を背負って来たという。私の少年期では、地域の川辺、道端の堤などに稲藁で作られた小屋が見られた。ここに人が住んでいる様子がするが、実際にその現場を見たことはなかった。これが乞食の住居であろうか。

（昭和四〇年代）

第二節　失われたことば

ここで予めお断りしておきたいが〝失われた〟と記したが、これは〝消失した〟ということではない。〝失われた〟とは、現在の社会では聞く頻度が極めて少なくなったに過ぎず、時として、使われる事があり、地域の人々の記憶の中に生きているのである。従って、〝失われた〟ことばが使われた時、地域の人は「あっ、懐かしい、何時しか聞いたことがあることばだ」として意味は理解できるものである。これに対して〝消失した〟ことばとは、特別に研究している人を除いて、例えば、日本の太古に使われていたことばなど、現在生存している誰しもが知らない、意味が理解できないことばを言う。

ここに挙げた「失われたことば」は、現在では、高年齢の人たちが、若かったころには普通に使われていたに違いない。それが、マスコミや情報網の充実で地域独自の文化である、地域特有のことばを使わなくなってきたに過ぎない。

ことばは、視覚的な文字や物ではなく、聴覚という、その場で消えるものであるが、人々の記憶の中で生きている文化である。大和ことばは奈良県を中心に太古から人々が使ってきたことばであり、土地のくらしと共に生き、その土地柄や人柄を表す地域に根付いた生きた文化遺産である。以下に挙げた「失われたことば」は、大和ことばであるが、これ以外にも多くの大和ことばがあるはずである。分類として、名詞類・副詞類・助詞類・動詞類・短文・単位・状態を表す語の七分類とした。

【名詞・名称類】

一　衣類

◎アッポン　帽子の童語。
◎イッチョウライ　一番上等の晴れ着。
◎バッチ　ズボン下。
◎ハネ　雨ふりに道を歩くと、物に水や泥のつくこと。
◎ヨソイキ　晴れ着。外出着。

二　食類

◎アモ　お餅のこと。
◎アンコ　小豆のアンを言う。お餅にアンをのせたものを、あんころ餅と言った。現在でも偶に食する。
◎オクモジ　しゃくし菜の漬物。オクモとも言う。
◎オナリ　炊事。
◎オムシ　味噌。
◎カッキャン　かき餅の童語。
◎コウコ　沢庵漬け。
◎コワメシ　赤飯。
◎サイラ　秋刀魚。
◎ズイキ　里芋の葉柄の皮を剥いて乾燥させたもの。
◎ズクシ　よく熟した柿。
◎ゾーズ　牛に食わす汁。
◎タラフク　腹一杯。満腹。
◎ヒリマ　中食。
◎ホセキ　間食。
◎ヨハン　夕食。

三　住類

◎インキョ　分家。昔は長男が家督を継ぐと父は次男以下を連れて隠居した。これをインキョといった。なお、このとき、父の親の位牌をインキョに移したので先祖の位牌はインキョ（分家）で祀った。他の地域では新宅とも言う。近年は次男以下が分家することをインキョといったが、最近はこのインキョ（分家）と言うことばも聞かれない。

◎アガリト
民家の土間の奥の板間。家庭内でよく耳にしたことばである。

◎アウチ
団扇（うちわ）。近年は扇風機はおろか、クーラーの普及で団扇を見みることも、少なくなった。

◎コウヤサン
便所。

◎コヤケ
小さな家。またそこに住む人を卑しんで言う場合もある。

◎ジョンジョ
草履の童語。

◎シンショ
財産。

◎センチ
便所。

◎タナモト
流し元。台所。

◎チョーズ
便所。

◎ヤカゲ
家の軒下。

四　農類

◎ウラケ
米作をホンケまたは表作と言う。これに対して、米作の収獲後、麦や菜種を作ることをウラケと言う。

◎オンヂ
陰地の日当りの悪い土地。

◎キシゲ
田や畑の土手や堤のこと。

◎クレビキ
田植えの準備段階で、マンガ作業の後の整地作業。

◎サンバイコ
藁を四、五本穂先の方を簡単に編んで、稲束を縛る時使う。

◎ショトメ　早乙女。田植えをする少女。
◎シリゲ　尻毛。水田の畔より後の方。対語はマエゲ（前毛）。毛は作物を意味する。
◎シルタ　湿田。
◎セッダ　節田。二十四節気の一つで麦を刈り、稲を植えること。芒種。六月六日頃にあたる。
◎ツユ　水田に水を入れる水路。
◎デヨウ　共同作業するために出会うこと。※動詞の項目にも挙げる。
◎ハガネ　池の水漏れを防ぐために、堤を粘土で固めること。
◎マエゲ　田の畦元。シリゲの反対語。
◎レンゾ　稲作の作業の始まる前に、農家の春休みを言う。餅を搗いて御馳走する。

五　動物・昆虫類

◎アカッチョ　鳥類でホオジロのこと。
◎エテコ　動物で猿。
◎オガムシ　昆虫でカメムシ。
◎カイトマル　蛇で青大将を言う。
◎クチナ　蛇。
◎デンデンムシ　かたつむり。
◎センチムシ　便所に湧く蛆虫。
◎ハビ　まむし。
◎ヒキゴト　ひきがえる。
◎ボントンボ　ぎんやんまトンボ。八月のお盆の時期に夕刻になると飛び交うトンボ。
◎マイマイ　水すまし。
◎ミミクジ　蟻地獄。

六　植物類

◎イノコ　植物でネコヤナギ。
◎カシラ　サトイモの親芋のこと。

◎キツネノマクラ　ヒカゲノカズラ。
◎コイモ　里芋。
◎コカンボ　合歓の木。
◎シビ　藁のはかま。藁くず。
◎シャッポンバナ　百日草
◎スイスイ　イタドリの若木。山菜でもある。スカンボとも言う。
◎ススンボ　篠竹。
◎チンチラ・チンチロ　松笠。
◎ナンキンマメ　落花生。
◎ニドイモ　馬鈴薯。
◎ネブカ　ネギ。
◎ネンブリ　ねむ木。
◎フキダマ　リュウノヒゲ。
◎ミドリ　松の新芽。ローソクとも言う。
◎ヤブスベリ　シャガ。
◎ワタク　櫟の一種で樹皮が厚いコルク質のため、質が悪い木を言う。

七　他の分類

◎アイ　平日をさす。これに対して、祭日・縁日など特別な日を「トッキョリ」といって、御馳走を食した。
◎アカ　金属で銅のこと。
◎アシイレ　正式の結婚式をする前に、婚家に入ること。母は結納を治める前には家に入れないことをよく口にしていた。
◎アワイ　物と物との間。
◎アンニャン　兄のこと。兄弟で弟が兄を呼ぶ時に使われた。
◎イト　良家の女児。良家の娘さん。
◎オカチャン　お母さんの童語。
◎オゴシ　踝のこと。
◎ウラヤ　家の裏側。裏庭を指すこともある。
◎エエモン　良い者。良い物。おやつ類。

◎オタビラ　あぐら。

◎オッサン　和尚さん。オッサンには長年の男子の総称に使われるが、使われ方で蔑視的につかわれることもある。また、結婚していない長年の男子の総称に使われる場合もある。

◎オッパ　背負うの童語。

◎オデ　背中の曲がること。

◎オトコシ　下男。

◎オナゴシ　女中。

◎オトッタン　父の尊称。

◎オバ　一生嫁に行かない女性。

◎オヒカリ　御燈明。

◎カイト　垣内。集落の最小単位で、本家屋敷の垣の内に、自立した同族分家や、小作農の別家が次第に増えて民家の一群が出来ることを指す。

◎カカ　妻。

◎カマサン　かまど。炊事場の総称。

◎ガマント　河の中の岩や石の深み。

◎カヤクメシ　五目飯。ちらし寿司。

◎カンテキ　炊事用の七輪。

◎キッショ　機会。しおどき。

◎ギョウサン　沢山。

◎クニモン　県外の人。

◎クンナカ　大和では奈良盆地の南部地域一帯をさす。これに対して宇陀地域や都祁などの大和高原一帯を山中という。

◎ゴガツアキ　麦秋の頃。

◎オトトイ　一昨日。

◎ゲス　最後。最下等。

◎コチ　私。

◎コバ　村落内の最小単位。組。

◎ゴモク　ごみ。

◎ゴロンボ　丸太。

◎コワ　木端。
◎サカタン　逆。
◎サトガエリ　盆・正月に嫁や奉公人が実家に帰ること。
◎シシナゲ　炊事場の汚水のこと。またそれを貯める壺。
◎ジベタ　土の上。
◎シミッタレ　けちんぼう。
◎シャクバ　とげ。
◎シューシ　戸籍。語源は宗旨。
◎シュン　最適な時期。
◎ショトメ　早乙女。田植えをする少女。
◎ショウブワケ　形見分け。元来は死者の家督処分わけを意味したが、今日では死者の持ち物を兄弟・親戚に分けること。
◎スカタン　軽率なこと。また、失敗したとき。
◎スミッコ　隅。

◎スルビ　燐寸。マッチ。
◎セキトバ　両墓制における二次墓のことで、ラントバとも言う。一次墓は家から少し離れた場所で埋葬してある墓に対して、近くの石墓を言う。
◎ソウレン　葬式。
◎ソン　筋。
◎ダテコキ　身を過剰に飾る人のことを蔑んで言う。
◎タチ　性質。
◎チョカ　軽率者。
◎ツラ　顔。
◎テオイ　手甲・タオル。
◎テコモリ　大盛。
◎テッポダマ　子供が使いに行って、帰らずに遊んでしまうこと。
◎デボチン　額。
◎テレコ　反対。あべこべ。

◎トキバレ　朝の一〇時頃晴れること。
◎トッキョリ　祭や特別の休みの日。アイに対するハレの日。
◎トト　鶏の総称で童語。また、魚の総称で童語。
◎トドノツマリ　結局。
◎ドビ　土管。
◎トリゲ　鳥居。
◎ドンダケ　何程。
◎ナガタン　台所で使う包丁。
◎ナリフリ　服装や動作。
◎ニコ　土埃。
◎ヌシ　主人。
◎ネンキモン　売れ残っている物。
◎ノミノフウフ　夫が小男で、妻が大女の場合を言う。
◎ノラ　怠け者。
◎ハテノハツカ　十二月二十日。
◎ハンドン　土曜日。

◎ババ　大便。老婆の卑語。
◎ヒンナカ　半日。
◎ヒヤワイ　隙間。
◎ヒンネ　昼寝。
◎ヘショ　不満や不足。
◎ヘンネシゴ　子が生まれないので、他家から子を貰った後に、自分の子が生まれた場合に言う。
◎ボウズ　年少の男児を卑しんで言う語。
◎ボン　男児の尊称。
◎マアリ　用意。仕度。
◎マスカケ　手相の一種で真っ直ぐに通っていること。
◎マッサラ　新品。
◎マトモ　正気。
◎マニアウ　役に立つ。
◎メンメンコ　各々。各自。
◎モン　者。
◎ヤンチャ　悪戯者。

◎ユキアタリバッタリ　成り行き任せ。

◎ユンベ　昨晩。

◎ヨサリ　夜。

◎ヨンベ　昨晩。

◎レンゲ　粉を擂る木。

◎ワレ　君。あなたの卑語。

【副詞類】

◎アイサニ　時々、たまに。宇陀地方で高齢の方は時たま使われるが、現在では殆ど耳にしない。祭・縁日では現在でも稀に聞かれる。

◎オモダッタ　中心となる人物。

◎ケッタイナ　不思議な。

◎ケナルイ　羨ましい。

◎コウツト　気が改まる時、その節目に使う言葉。類語に「されれ」がある。

◎コサリ　だからこそ。

◎コロット　すっかり

◎シジュウ　常に。いつも。

◎チャッチャト　早く早く。

◎チャント　正しく。整然と。

◎チョコチョコ　時々。

◎チョットナット　少しでも。

◎チョットヤソット　少しでは。容易に。

◎ベッタリ　常に。

◎トッカケヒッカケ　引き続いて。続いて。

◎ドッチミチ　是非とも。

◎ドーナリコーナリ　どうにか。こうにか。

◎ナンヤカヤ　いろいろ。

◎ネッカラ　心から。

◎ハガイ　口惜しい。

◎ヒネ　古い。

◎ボロイ　割り良い。

◎ボロイ　弱い。悪い。

◎ホン　少し。

◎ムサンコニ　無謀に。無暗に。

◎ヤットコサ　暫く。辛うじて。

【助詞類】

◎カッテ　だから。だといって。

◎カテ　も。「あなたカテ知ってるやろ」

◎ケ　か。ですか。

◎ケ　下さい。

◎ケヨ　ですか。下さい。

◎サカイ　だから。から。

◎セヤ　そうです。

◎セヤサカイ　そうだから。

【動詞類】

◎イガム　曲がる。歪む。

◎イケル　土に埋めること。冬場の大根の保存時に「畑に大根をイケル」

◎イジ（ク）ル　なぶる。もてあそぶ。

◎イチビル　ふざける。調子にのる。

◎イヌ　帰る。

◎イラウ　触れる・また、ものごとの秩序を乱すことを言う場合もある。「ちゃんと整理されていたのに誰かイラッタな」

◎エガム　ゆがむ。

◎ウタバレル　水膨れるようになること。

◎ウテガエス　裏がえす。

◎オイデ　お越しなさい

◎オイネル　背負う。

◎カカル　事の始め。また、騙される意味もある。

◎オオキニ　ありがとう。

◎カタゲル　かつぐ。

◎竈に柴をくべる　焚く。

◎キケル　疲れる。困った。

◎コク　言うの卑語。

◎シガム　噛む。

◎シケル　元気がない。また、幼児などの発育不良の状態。

◎シットンネ　知っている。

◎ショゲル　失望する。

◎セカス　急がす。

◎ダカエル　抱く。

◎タテツク　反抗する。

◎タバル　神仏にお供えしたものを下げる。「賜る」の転化した語。

◎タレル　言うの卑語。

◎シャヒン　しない。
◎チビル　こぼす。
◎チョロマカス　ごまかす。
◎ツクネル　無雑作に積み重ねる。
◎ツム　混雑する。こみあう。
◎デヨウ　共同作業するために出会うこと。
◎デングリカエル　ひっくりかえる。
◎ドヤグ　大声を出す。
◎ニジクル　にじつける。
◎ヌカス　言うの卑語。
◎ネコカブル　知って知らぬふりをする。
◎ノイテ　よけて。退いて。
◎ノク　よける。退く。
◎ハタク　払う。

◎ハッシャルク　走り歩く。かけまわる。
◎ハメハズス　基準をはずす。
◎ヒックルメル　総て合わせる。
◎ヘエカマス　嘘をつく。
◎ヘコタレル　倒れる。弱る。
◎ヘツル　減らす。
◎ボテク　小言を言う。
◎マイテ　まぜて。いれて。
◎メカス　徒に化粧して体裁をつくる。
◎ヤロー　あげる。差し上げる。
◎ユワス　制裁を加える。
◎ヨコセ　くれ。自分に与える相手に対する命令形。
◎ヨバレル　御馳走になる。

【短文】

◎オシマイナ　「早く終わってくださいな」

◎キツネノヨメイリ　日が照っていて雨が降ること。

◎ゲタヲアズケル　他人に難題を言う。

◎ゲンワルイ　縁起が悪い。

◎コキツカウ　人を休みなく使う。

◎サイダンナ　そうですね。

◎シャナイ　仕方がない。どうしようもない。

◎ショーモナオ　つまらない。

◎ミコシヲアゲル　尻を上げる。

◎ミセビラカス　これよがしに、見せつける。

◎メノショウガツ　奇麗なものや、上等の品物を見た時の言葉。

【単位】

◎文《もん》　足袋の大きさ単位。江戸期から昭和四〇年代。因みに一文は二・四センチメートル。

【状態を表す語】

◎アンマリ　物の程度がきつい時に使われた。「アンマリなこと言うなよ」
◎イビツ　整然とした形ではなく、不均衡に形の歪んだ様子。
◎オトロシイ　面倒くさい。
◎カイダルイ　疲れる状態。体の不調。
◎ガサ　落ち着きのない挙動。
◎キキカジリ　最後までよく聞かないこと。
◎キチキチ　余裕がない状態。
◎カタチンバ　草履等の両方が揃わない事。
◎キツイ　えらい。しんどい状態。
◎グイチ　歪んで合わない状態。
◎クロナリガタ　夕刻。暮方。
◎ケブタイ　窮屈。息苦しい。
◎サブイ　さむい。
◎サラ　少ない。物品を秤に掛けたとき、一定の重さより少ない場合に用いる。
◎シドシ　新しい。
◎シャタイ　ある動作を続けること。
◎シュルイ　勝気で出過ぎた女性の形容。
◎スッカラカン　雨などが降って泥濘な状態。
◎ズンベラボウ　丸坊主。全てを失う様。
◎セカセカスル　前後に変化がなく均一にすること。
◎セセコマシイ　忙しいそうにする。
◎タイソタテル　狭くて、ゆとりがないさま。
◎タシ　おおげさにする。
◎ツッケンド　補い。補助。
◎テンテコマイ　無愛想な状態。
◎ドイライ　忙しい状態。
◎ドンナ　大きい。
◎ハシカイ　不如意な。
素早い。

◎ハシカイ　稲や麦の穂がついて、かゆい時使う。
◎ヘトヘト　疲れ切った様子。
◎ミカケダオシ　実力が、風采や容貌よりも劣ること。
◎ミットミナイ　見苦しい。見すぼらしい。
◎ムセル　蒸し暑い。
◎モムナイ　味がまずい。

◎ヤキモキスル　気がいらだつ。
◎ヤブレカブレ　自業自得。
◎ヤリナグリ　最後まで仕事をしない事。
◎ヨウズケニナル　雨が近ずき、湿度が高くなってきたときを言う。
◎ロック　凹凸のないようにすること。
◎ワヤ　無茶。駄目。

あとがき

私が、民家に関心を持つようになったのは平成八年頃からであるが、そのきっかけになったのは平成三年頃のことである。母から「蓮昇寺で古文書教室をしている。おまえに合うから、行ってみたら」と話があった。母は私の気質・性格をよく知ってい て、私が何かで都合が悪くなり、知恵を絞って嘘をついても直ぐに見破る人である。なんとなく心が惹かれたので暫く通うことにした。月一回第二土曜日の朝九時から正午までである。この教室は榛原町文化協会の郷土研究部に所属していた。教材は近隣や県内の由緒ある古い家に残る古文書を借りてきて、原文を読む教室である。古文書は主に江戸期の古文書である。古文書の文字は、一応の基本形があるが、多くは筆者の自己流で書かれていて読みづらいものであった。読むには長年の経験と、古文書の書かれた当時の地域の社会状況や背景など様々な知識が要る。ここでは、奈良県吉野町で元大庄屋を代々務めた山口さんが講師であった。山口さんはミミズが這ったような文字とも言えないような難解で難読な「文字」をすらすらと読まれた。四年程して山口さんは残念にも亡くなられた。ついで、講師になられたのは、旧大宇陀町の重要文化財・片岡家邸の一五代当主・片岡彦左衛門さんであった。片岡さんも難解で難読な古文書をすらすらと読まれた。こうして、蓮昇禅寺での古文書教室はその後、平成一九年まで続いたが、平成二〇年になり蓮昇禅寺の住職である関和尚が亡くなり、翌年には、教室を支えてきた俳人でもある大門恒夫（俳号朴憧）さんが亡くなられた。ここにきて蓮昇禅寺の古文書教室は自然消滅の運命となった。

私は、この古文書教室に一八年間、一日も欠かさず通ったが、結局、〝もの〟に出来なかった。部屋は古文書（写し）の資料の山である。ただ、この古文書教室で折に触れ各地の古い民家を研修会で訪問していた私は、次第に民家に関心を持つようになった。平成九年には、古い民家が普通に壊されている現状に危機感を抱き、文化財の指定の有無に係らず、大切であるとして県や地域の人を始め多くの人に説いて廻った。全国規模では、古い民家に関した団体は既にいくつか存在していたが、私の理念とは全く異なり異質のものであった。平成一四年八月には任意団体として「明治・大正・昭和初期の古民家を大切にする会」を立ち上げることができた。この会で私は、多くの民家、特に宇陀地域内の古い民家を訪問。それ以外にも各地に残る古い民家を訪ねさせていただいた。そして講演会では民家の調査報告をするなど活発に活動することができた。平成一七年には旧榛原町内の古民家を、また平成二一年には旧大宇陀町・旧菟田野町・旧室生村・曽爾村・御杖村に残る古い民家を二一〇棟余り実地調査することが出来た。

宇陀地域は、奈良県の東部山間に位置し、標高三四〇メートルから八〇〇メートルの大和高原の中の盆地である。この地域の古い民家の特徴としては、平野部と比較的には草葺きが多く残り、農家型式の民家が多いと言える。また、平野部の民家に見られる塀は宇陀地域では殆ど見られないなど、いくつかの特徴が観察された。これらの調査には林野庁・奈良県協働推課・奈良NPOセンター・大成建設などからの補助があったこと、また報告会での審査委員からの評価やご教示、また調査地で快く調査に応じて頂いたり、資料の提供があるなど、多くの皆さま方のご協力・ご教示があった。こうして、この会は平成一四年八月から平成二五年一一月までの一一年間活動することができた。

以上の経緯から本書は、平成三年の古文書教室に始まり、平成二五年一一月までの二二年間の活動の結果、出来あがったものである。勿論、この間私には様々な苦悩と迷いはあった。本書で取り上げている民家のデータの多くは、ここから参考にさせて頂いた。本書の全体の流れでは、昭和四〇年代を境に、民家のつくりとそこを舞台に使われていた道具類を紹介し、また光景やことばなど視覚面・聴覚面での変化など、急速に変化していった内容の記述になっている。思うに近年の日本の農山村の文化面における変化を始め日本文化の変化は、卵の外殻に似た薄っぺらいもので、表面上の変化に過ぎず、現在の文化はもろく、長続きせず、変化し易く、すぐ底には従来からの伝統的考え方や文化が分厚く底まで滔々と流れているようにも思う次第である。

これは、私が数年前まで勤務していた大阪市内の最先端企業でのことである。業務中になにかの切っ掛けに、若い女性社員から「やぶいり」という言葉が出た。私は、あれっ、と思った。都心部では全く意外な言葉が聞かれたからだ。新しいものずくめで、流行にはしる若い女性にもやはり、日本の伝統的考え方や文化が滔々と流れていた。私は何か安堵した気持ちになった。

ささやかな書であるが、こうして形をなすまでには、さまざまな人との出会いがあり、そこでのドラマや感動があり、多大な学恩に浴している。ここに改めて感謝する次第である。本書の出版の時期に関して、私が還暦を迎える本年の四月一八日までに世に出したいと思っていたが、残念ながらそれには間に合わないようだ。最後に本書の出版に際してお世話になった奈良新聞の山下さん、松井さんに感謝申し上げる。

二〇一五年一月

栗野圭司

索引

衣類関係

食事関係

住居関係

医療関係

交易関係

農具関係

山林関係

狩・漁具関係

設備

信仰・呪術

遊戯

その他

＜著者略歴＞

栗野　圭司（くりの・けいじ）

1954年奈良県生まれ。

法政大学法学部を卒業後、中世から近代の古文書研究を経て民家の研究を行なう。平成14年、「明治・大正・昭和初期の古民家を大切にする会」を立ち上げる。平成18年、独自の学派として古民家学を提唱。既存の学会を震撼させる。講演会等にて民家の評論を行なう。宇陀市文化協会理事を経て、平成26年には同会をNPO法人化。

現在　NPO法人「明治・大正・昭和初期の古民家を大切にする会」理事長。古民家評論家・古民家学者

著書　・古民家学志林　編集　2006年
　　　・榛原の野鳥1997～2005　榛原町広報に53回連載。
　　　・連載時代小説「宇陀三人衆」1999～2005まで40回連載。

現住所　奈良県宇陀市榛原篠楽269番地の3
　　　　電話0745－82－6034

日本民家のつくりと農山村文化

平成27年1月30日　第1版第1刷発行

著　　者　栗野　圭司
発 行 者　甘利　治夫
発 行 所　株式会社 奈良新聞社
　　　　　〒630－8686　奈良市法華寺町2番地4
　　　　　TEL　0742（32）2117
　　　　　FAX　0742（32）2773
　　　　　振替　00930－0－51735
印 刷 所　奈良新聞印刷株式会社

ISBN978-4-88856-132-7